例解調査論

佐井至道 著

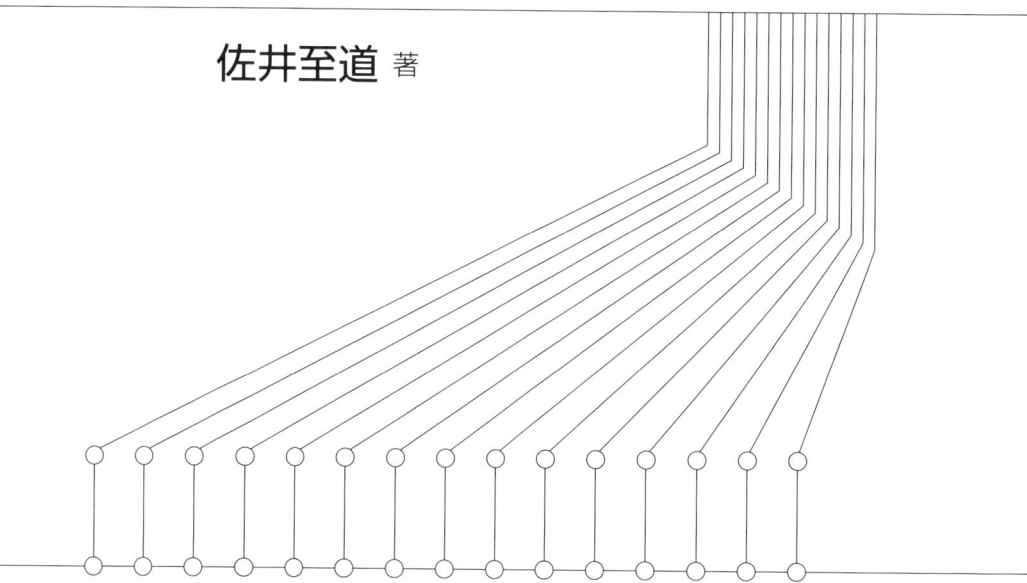

大学教育出版

まえがき

　社会調査や市場調査などの調査は年々その必要性が高まっており，実施されている数自体も増加し続けている．調査について研究している者にとってはうれしい限りだが，時々不安になることもある．どのような調べ方をしても結果が得られてしまうのが調査の怖い点であるが，日頃目にする調査結果の中には，その意味で実に怪しいものも数多く含まれている．信じるべき結果と疑うべき結果，その違いを見抜くためには調査の本質を知る必要があるだろう．

　本書は，本格的な調査に携わる人のほか，大学の卒業論文用のアンケートや会社内の意見集約のための調査を考えている学生や社会人はもちろんであるが，そのような調査の結果を日常生活の中で利用している人たちにこそ，是非読んでいただきたいと考えている．

　学問的に考えると，調査全体はデータの収集方法に関する領域と，得られたデータの分析方法に関する領域とに大きく分けられる．前者は狭い意味での調査の概念で，調査の形態や調査票の設計のように情報の集め方について考えるもので，本書では主に第3章から第5章で説明している．また後者は統計学と呼ばれる領域に含まれ，データをどのように解析して解釈をするかということに焦点をあてるもので，第2章と第8章から第11章で取り上げている．ところで第6章ではサンプリング法について説明しているが，サンプリング法は内容的にはデータ収集方法でありながらアプローチとしてはあくまでも統計学であり，いわば両者の橋渡し的な役割を演じていると考えることができる．

　これまで，調査に関連した書籍はたくさん出版されているものの，その多くは狭い意味での調査，またはデータ解析のいずれかを中心に据えた内容であるように思う．ところが私自身，サンプリング法の研究の盛んだった大学と大学院を修了したこともあり，サンプリング法を中心として，調査とデータ解析を左右にバランス良く配置した専門書を探し続けていたが，このたび一念発起して自分自身で執筆した次第である．

章の配置にも多少工夫を凝らした．調査の概要とも言える調査の流れについては中程の第5章で説明しているが，これは調査全体の説明の前に簡単なデータの扱い方や調査手法などを知っておいた方が理解しやすいと考えたからである．もし調査の全体像を先につかみたければ，この章から読み始めた方がよいであろう．また辞書的に必要な章だけを読んでも理解できるようにしたつもりである．

ところで，ここ数年大学生の数学力の低下が指摘されている．その原因は定かではないが，高校までの数学や算数の授業時間の減少や学習内容の縮小が原因かも知れないし，若者の興味が数学から離れてしまっているのかも知れない．ただ，講義での学生の様子を観察していると，数式などが表現している内容を頭の中で即座にイメージできるかどうかが，理解の可否の大きな要因になっているように思われる．これは今に始まったことではないが，最近その傾向は加速しているように感じられる．

このような点に配慮して，例えば，数学を得意としない人たちのイメージ構成の妨げになっている和の記号 (Σ) などを用いなかった．そのため数式は長々としたものになってしまったが，それはやむを得ないことだと考える．また適度なスピードで読みこなせるように，数学的ないくつかの定理や数式はその紹介にとどめ，複雑な証明も省いたが，それでも理論の中心となる部分についてはあえて数式の変形を行っている．もしこれらの部分や第7章の確率分布に関する内容が理解しにくければ，その結果だけを把握して次へ進んでいただきたい．逆に，省いた証明などに興味を持つ人がいれば，より数学的な文献を参考にしてもらいたい．

また本書のタイトルにあるように例をできる限り多く，しかも細かく分けて配置している．もし各節の説明内容が理解しにくければ，これらの例を利用してイメージを膨らませていただきたい．このような点を含めて，イメージを優先したために数学的な厳密性を欠いた表現も多少あるが，ご容赦願いたい．

最後になりましたが，私が調査についての初心者であった頃から暖かく見守ってくださった元千葉大学の浅井晃先生，元岡山大学の脇本和昌先生，千葉大

学の田栗正章先生，岡山大学の田中豊先生を初めとして，多くの恩師の方々に深く感謝いたします．またいつも心の支えになっている家族にも感謝します．
　日本規格協会は本書に数値表を転載することを快くお認めくださいました．ここにお礼申し上げます．更に，本書の校正から出版まですべてにわたってご尽力いただいた大学教育出版の佐藤守さんに厚くお礼申し上げます．

　2001年1月

　　　　　　　　　　　　　　　　　　　　　　　　　　　　　佐井　至道

例解調査論

目　　次

まえがき　i

第1章　調査とは ……………………………………………………………1
1．1　調査の概要　*1*
　　1．1．1　調査の必要性　*1*
　　1．1．2　調査の難しさ　*2*
1．2　統計とコンピュータとの関係　*3*
　　1．2．1　調査と統計　*3*
　　1．2．2　調査とコンピュータ　*4*

第2章　記述統計 ……………………………………………………………7
2．1　表とグラフ　*7*
　　2．1．1　質的データ　*7*
　　2．1．2　離散型データ　*9*
　　2．1．3　連続型データ　*10*
2．2　代表値　*13*
2．3　散布度　*18*
2．4　散布度を用いたいくつかの指標　*22*
　　2．4．1　変動係数　*22*
　　2．4．2　偏差値　*24*
2．5　相関と回帰　*28*
　　2．5．1　相関　*28*
　　2．5．2　回帰　*33*

第3章　調査の方法 …………………………………………………………*36*
3．1　質問法と観察法　*36*
3．2　質問法の種類　*37*
　　3．2．1　郵送調査法　*37*
　　3．2．2　電話調査法　*39*
　　3．2．3　面接法　*40*

　　　　3．2．4　留置法　*41*
　　　　3．2．5　街頭面接法　*42*
　　　　3．2．6　インターネット調査法　*43*
　　　　3．2．7　集団面接法と集合調査法　*44*
3．3　観察法の種類　*45*
3．4　やや特殊な調査法　*46*
　　　　3．4．1　パネル調査　*46*
　　　　3．4．2　モニター調査　*48*
　　　　3．4．3　継続調査　*49*
　　　　3．4．4　オムニバス調査　*51*
　　　　3．4．5　動機調査　*51*

第4章　調査票の設計……………………………………………………*54*
4．1　調査票の意味とその構成　*54*
　　　　4．1．1　調査票の意味　*54*
　　　　4．1．2　調査票の体裁と構成内容　*55*
4．2　調査票作成上の注意点　*57*
　　　　4．2．1　質問項目の順序と構成に関する注意点　*57*
　　　　4．2．2　質問項目の順序以外の注意点　*60*
4．3　回答形式　*62*

第5章　調査の手順……………………………………………………*69*
5．1　調査の流れ　*69*
5．2　調査目標の特定　*70*
5．3　調査方法の決定　*71*
5．4　調査内容の決定　*73*
5．5　調査の実施　*73*
5．6　集計と分析　*74*
5．7　報告　*76*

第6章　標本調査とサンプリング法　…………………………………… 77

- 6．1　標本調査法と全数調査法　*77*
- 6．2　有意選出と無作為抽出　*79*
- 6．3　乱数　*80*
  - 6．3．1　乱数表　*80*
  - 6．3．2　疑似乱数　*81*
  - 6．3．3　算術乱数　*82*
- 6．4　乱数表の利用法　*83*
- 6．5　サンプリング実験　*85*
  - 6．5．1　標本の平均値の計算　*85*
  - 6．5．2　標本の分散の計算　*87*
- 6．6　復元抽出と非復元抽出　*88*

第7章　確率変数と確率分布　………………………………………… *90*

- 7．1　確率変数と確率分布　*90*
- 7．2　離散分布　*91*
  - 7．2．1　ポアソン分布　*91*
  - 7．2．2　二項分布　*93*
  - 7．2．3　多項分布　*94*
- 7．3　連続分布　*95*
  - 7．3．1　正規分布　*95*
  - 7．3．2　χ^2 分布　*98*
  - 7．3．3　t 分布　*99*

第8章　推定の方法　………………………………………………… *100*

- 8．1　推定の概念　*100*
- 8．2　不偏推定　*100*
- 8．3　母平均と母分散の推定　*101*
  - 8．3．1　母平均の推定　*101*

          8．3．2　母分散の推定　*104*

          8．3．3　母平均と母分散の推定の補足　*107*

  8．4　推定量の精度　*108*

          8．4．1　推定量の信頼性　*108*

          8．4．2　母平均の推定量の精度　*109*

          8．4．3　母平均の推定量の精度の推定　*111*

          8．4．4　適切な標本の大きさの決め方　*114*

  8．5　母平均の信頼区間　*115*

          8．5．1　中心極限定理　*115*

          8．5．2　母分散が既知の場合の信頼区間　*116*

          8．5．3　母分散が未知の場合の信頼区間　*118*

  8．6　母集団比率の推定　*123*

          8．6．1　母集団比率と母平均の推定の関係　*123*

          8．6．2　母集団比率の推定量の精度　*125*

          8．6．3　母集団比率の信頼区間　*127*

第9章　検定の方法 ……………………………………………………*130*

  9．1　検定の概念　*130*

  9．2　有意水準と検出力　*131*

  9．3　平均値の検定　*132*

          9．3．1　母分散が既知の場合　*132*

          9．3．2　母分散が未知の場合　*134*

  9．4　平均値の差の検定　*136*

          9．4．1　母分散が既知の場合　*136*

          9．4．2　母分散が未知の場合　*137*

  9．5　χ^2 検定　*140*

          9．5．1　適合度の検定　*140*

          9．5．2　適合度の検定におけるいくつかの注意　*143*

          9．5．3　分割表における独立性の検定　*146*

第10章　より複雑なサンプリング法 ……………………………………… *150*

10．1　世論調査のサンプリング法　*150*
10．2　単純無作為抽出以外のサンプリング法　*151*
10．3　層化無作為抽出法による母平均の推定　*153*
　　　10．3．1　層化無作為抽出法について　*153*
　　　10．3．2　母平均の推定とその精度　*154*
　　　10．3．3　単純無作為抽出法による推定との精度の比較　*157*
　　　10．3．4　母平均の推定量の精度の推定　*160*
10．4　サンプリング実験　*161*
10．5　層化無作為抽出における標本配分法　*164*
10．6　層化無作為抽出法に基づく母平均の信頼区間　*167*
　　　10．6．1　母分散が既知の場合　*167*
　　　10．6．2　母分散が未知の場合　*168*
10．7　層化無作為抽出法に基づく母集団比率の推定　*169*

第11章　多変量解析 ……………………………………………………… *173*

11．1　重相関係数と重回帰式　*173*
11．2　主成分分析　*176*

索　引 …………………………………………………………………………… *187*

例解調査論

第1章　調査とは

1．1　調査の概要

1．1．1　調査の必要性

　調査は英語ではsurveyと呼ばれ，あえて定義するならば，「人間や世帯，事業所などの集まりについて調べ，情報を収集すること」となるだろう．

　人間は元来調べることが好きである．自分が知らないことには好奇心を持ち，知りたくなり，知ればもっと調べたくなる．データがあればそれをまとめるために集計したくなり，できるだけ自分がイメージできるように表現したくなる．そしてそれを元にして集団を特徴づけたり，分類したり，比較したりと進んでいくであろう．このようなことは何も調査にとどまらず，人間社会一般に言えることである．

　しかし長い間，人間はそのようなことに時間と労力を費やすほど豊かではなかった．生きていくために，すなわち衣食住のための労働に時間のすべてを使わなければならない時代が長く続き，物は作りさえすれば売れる時代が続いてきた．また多少気に入らない商品があったとしても消費者がその商品に合わせなければならず，情報が不足しているために不幸な状況に陥ったとしても，それは運命であるとあきらめてしまったことも多かったであろう．

　今世紀に入って，欧米を中心に生活にも仕事にもゆとりができて，人間はプラスアルファの部分を求めるようになってきた．もっと自分に合うものは何か，もっと豊かになるためにはどうしたらよいか，もっと長生きするためには何をすべきか，と考えるようになってきた．そして企業は，もっと売れる商品，もっとお客が来る店，他の製品よりも消費者に気に入られる製品が何かを知りたくなってきた．そのためには入手しにくい情報をどれだけ手に入れるかが鍵となってきたのである．その状況は，今世紀後半には日本を含む多くの国へと広

がっていった．

　このような経過で調査は次第に重要度を増してきており，今ほど調査が重宝された時代はかつてなかったと言えよう．ただし山でいえば現在が頂上ではなく，上りのルートの1地点に過ぎないと考えられる．つまりこれからなお調査への関心は高まり，役割も益々高まっていくことだろうが，山の頂上がどこにあるか，現地点が何合目かは想像もつかない．

　一方で，現在の私たちの社会は氾濫する情報に満たされているといってもよいだろう．つい最近までは，情報は新聞や雑誌，テレビやラジオから，そして専門的な知識は書物や専門家から得るしか方法はなかった．ところが現在は，テレビには衛星を通じて大量の電波が送られて，自分でチャンネルを探し出すのに苦労するまでになり，コンピュータを利用したインターネットの普及によって，世界中から大量の情報を瞬時に得ることができるようになった．そのため，私たちはそのような膨大な情報から，いかに適切なものだけを引き出すかに苦慮するようになっている．情報の中には誤ったものや出所がはっきりしないものも多い．また補助的な情報はふんだんにあっても，肝心の情報が抜けてしまっている場合も少なくない．したがって調査を行う前には，このような情報の洗い直しを必ず行い，調査の目的を絞ることが必要不可欠となってきている．

1．1．2　調査の難しさ

　調査は調べるというのが唯一の規定であって，内容についての制限はまったくない．そのため内閣の支持率のような政治に関する調査，社会の種々の現象を調べる社会調査，商店の売り上げや消費などに関する経済調査，企業が生産や販売を行うにあたって市場の動向を調べる市場調査，教育方法や入試などの教育に関する調査，新薬の開発や治療法の改善を目的とする薬学調査や医学調査，製品の製造の際の品質検査における調査など，数え上げればきりがない．これ以外にも，農学，化学，物理学，天文学，生態学，言語学，心理学など，学問のあらゆる分野においても調査がなされている．特に環境問題や福祉関連のように昨今注目を集める分野でも盛んに調査が行われるようになった．

調査は，これらの中の1つあるいは数種類の分野にわたる内容について行われるため，スタッフとしては調査の専門家だけでなくその分野の専門家の知識が不可欠であり，二人三脚で進めていくのが理想である．もちろん1人の人間が両方を兼ねることができれば効率的であるのは当然である．

　また調査は単に調べることだけにとどまらない．調べるためには目的もあるだろうし，準備も必要となろう．また調査した後に集計や分析も必要となるだろう．調査の流れをまとめると，次のようになる．

I．調査目標の特定
II．調査方法の決定
III．調査内容の決定
IV．調査の実施
V．集計と分析
VI．報告

　これらの詳細な説明は第5章まで延ばすが，その作業が多岐にわたることは理解できるだろう．仮に調査の専門家を名乗る人がいたとしても，このステップの一部のスペシャリストに過ぎないのが普通で，それは広範囲の内容から仕方のないことでもある．そのため全体をカバーできるだけのスタッフを集められない場合には，ある程度不得意な領域もこなしていく必要もあるだろう．

1．2　統計とコンピュータとの関係

1．2．1　調査と統計

　調査は**統計**や**統計学**（statistics）と呼ばれるものに深く関わっている．

　統計と統計学を分ける明確な基準はないが，一般に統計とはデータから集団の特性を数量的に表すことを意味し，前節の調査の流れのすべてのステップに関係していると考えられる．特に高度な分析を除けば，IV．調査の実施，V．集計と分析，VI．報告 の3つのステップは統計にほぼ含まれるといってもよいだろう．

　これに対して統計学は単なる集計や計算に終わらず，データを元にした高度

な解析をする点を強調する場合が多いが，実際には**標本抽出**（sampling）または英語のままに**サンプリング**と呼ばれている元の集団からのデータのとり方の決定から，報告までを含むものであって，調査の後半部分が統計学にすっぽりと包まれると考えてもよい．

統計学という学問の発祥がいつであるかという明確な決め方はないが，ピアソン（Karl Pearson）がデータの散らばりの尺度である標準偏差を考案したのが19世紀末，フィッシャー（Ronald Aylmer Fisher）が分散という用語を用いたのが20世紀初頭，ゴールトン（Francis Galton）やピアソンが相関という概念をまとめ上げたのが19世紀末であることを考えれば，19世紀後半から20世紀初頭をその起源と考えてもよいだろう．

また統計と呼べるデータの収集や集計については古代から行われていたが，17世紀前半に表やグラフで表すことを重視する傾向がドイツから始まり，そのあたりを近代的な統計の起源と考えることもできるだろう．しかし当時は興味の対象の集団である**母集団**(population)と，実際に調べるためにとられた**標本**（sample）との区別が明確ではなかった．これは調査する上では最も重要な概念であり，ユール（Yule George Udny）が20世紀の初頭にその区別を明確にするまで，曖昧なまま扱われ続けたのである．その意味では，少なくとも調査に用いられる統計や統計学の基礎が築かれたのは，今からせいぜい100年前と考えられる．

統計における表の作成やグラフ化，そして種々の数値の計算方法は記述統計と呼ばれるが，その詳細については第2章で説明する．また母集団からの標本のとり方を第6章で説明するとともに，統計学の中で統計的推測と呼ばれる推定と検定をそれぞれ第8，10章と第9章とでそれぞれ説明する．また同時に3つ以上の項目を含むような多変量解析と呼ばれる統計手法について第11章で簡単に説明する．

1．2．2　調査とコンピュータ

統計学の基礎が20世紀初頭までに確立され，瞬く間に複雑な解析方法が考案されて，調査の環境はすべて整ったようにも見えた．しかし集計と分析の実現

方法という大きな問題が残されていた．

　500人程度を調査する中規模の調査を考えよう．この程度であれば手作業でも集計はたやすいように思えるが，調査項目が30あるとすれば，延べ15000の項目を集計する必要があり，平均値や散らばりの尺度である分散を計算する場合にも，そのすべての数値が必要とされる．更に大きな問題は2つ以上の項目の関係を調べることである．例えば1問目で"はい"と答えた人の中で2問目を"いいえ"と答えた人数を求める場合には，個々の項目の集計結果では役に立たないため，再び500人分の集計をやり直さなければならない．集計や分析は時間や労力の範囲内で行わなければならないため，欲しい情報の中からかなりの部分はやむなく削除しなければならなかった．また前節で紹介した多変量解析も，実行することが困難との理由で，しばらく冬眠状態にならざるを得なかったのである．このような問題を解決したのはもちろんコンピュータの発達である．

　手動式の計算機は17世紀に既に考案されていたが，電子計算機は20世紀中頃に考案されたものである．例えばASCC-MARK-I, ENIACという電子計算機がそれぞれ1944年，1946年に試作され，1949年，1950年には現在のコンピュータの原型となるプログラム内蔵の電子計算機EDSAC, EDVACが相次いで発表された．これらはすべてアメリカでの開発である．

　1952年頃から電子計算機が商品として売り出されたが，まだ一般的ではなかった．それから1970年に至るまで電子計算機の小型化が行われ，演算回路素子にも真空管からトランジスタ，更には集積回路（IC）が用いられるようになった．そしてアメリカでは1974年，日本では1978年に初めてパーソナルコンピュータが発表されたのである．

　1980年以降のパーソナルコンピュータの普及は瞬く間で，回路も大規模集積回路（LSI）から超LSIと呼ばれるものに変わり，様々な機能も追加されてきた．それとともにWindowsやMac OSのような**オペレーティングシステム**（OS：operating system）や，表計算ソフト，統計解析ソフトを含む各種ソフトウェアの開発も活発に行われてきた．ちなみにマイクロソフト社の設立は1975年である．

　現在，調査の集計はすべてコンピュータ内で行われるのが普通である．先に

あげた例の場合, 15000の調査結果を数値化してコンピュータに入力さえしてしまえば, どんな解析もそのデータを元に行えるため, 新たな入力作業は不必要になる. 何よりも膨大な時間を要していた集計作業がほぼ瞬時に行われ, 手作業では気の遠くなるような数個の項目を同時に扱う解析も簡単に行えるようになったメリットは大きい.

しかしコンピュータとソフトウェアが高度に発達したために, やや気になることも起きている. 手作業では本人がはっきりとした目的をもち, しかもデータ全体に目を通し, 納得づくで結果を得ていたが, その部分がややブラックボックス化してしまい, 結果が一人歩きしている嫌いがある. また不必要とも言える膨大な結果の中から都合のよいものだけをピックアップしている場合も多い. コンピュータとソフトウェアはあくまでも調査の手助けをするだけで, 私たちは統計手法などを熟知していなければならず, 得られた結果についてはすべてを謙虚に受けとめなければならないだろう.

第2章 記述統計

2.1 表とグラフ

2.1.1 質的データ

　この章ではデータの特性を表現する**記述統計**（descriptive statistics）という統計手法を紹介していこう．調査そのものの説明の前にこの章を配置したのは，調査におけるデータとその扱い方のイメージを持ってからの方が，調査そのものの説明を理解しやすいと考えたからである．記述統計というのは，調査によってデータが手に入った直後に，まず私たちが何をすべきかを示しているものと考えてもよいだろう．

　例えばある地域に住む1000人分の通勤時間のデータが手に入ったとき，私たちは最初に何をすべきであろうか．個々の数字を見て全体を把握するためには，おそらく長い時間が必要とされるだろう．そのような場合，そのデータを表にまとめたりグラフ化すると瞬時にデータの概形をつかむことができる．人間が個々の数値を認識する能力は残念ながらコンピュータより劣るかも知れないが，概形を把握する能力は人間の方が圧倒的に上回る．その利点を生かすべきであろう．

　ところでデータは大きく**質的データ**（qualitative data）と**量的データ**（quantitative data）に分けられる．質的データは，「先週の日曜日に"サザエさん"を見たか見なかったか」とか「最も最近購入したパソコンのメーカー」というデータなどで，そのままでは数値に表せないものである．後者の例を示そう．

　例　日経リサーチが1999年春に行った，家庭の情報化に関する調査（ホームページアドレス　http：//www.nikkei-r.co.jp/mm/homepc/）を取り上げてみよう．この中には20歳代の人が最も最近購入したパソコンのメーカー名に関

する調査も含まれているが，この場合，元のデータはすべての個人に1つずつのメーカーが対応したものとなっているはずである．これを表にまとめる場合には，各メーカーの**度数**（frequency）や比率がわかるように表2.1という形に

表2.1 20歳代の人が最近購入したパソコンのメーカーの比率

メーカー	人数	比率（%）
NEC	134	27.3
富士通	93	19.0
アップル	60	12.2
東芝	41	8.4
日本IBM	32	6.5
自作	27	5.5
その他	103	21.0
合計	490	100.0

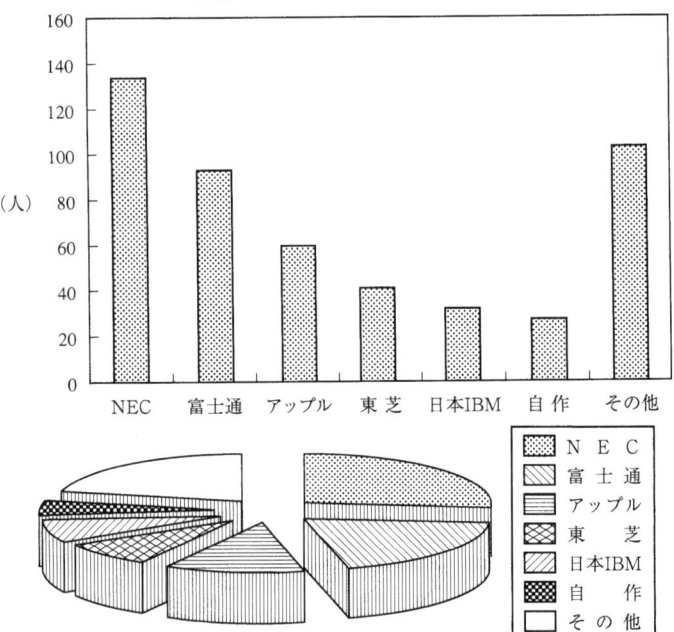

図2.1 20歳代の人が最近購入したパソコンのメーカーの棒グラフと円グラフ

するであろう．これを見るだけでNECが依然として大きなシェアを保っている反面，その他21.0%や自作のパソコンを使っている人5.5%のようにバラエティーに富んでいる様子もうかがえる．

このように表にまとめると数値が現れ，量的なデータとなったと考えることもできるが，いずれにしても棒グラフや円グラフなど適当なグラフ化も可能となる．グラフ作成専用のソフトウェアもあるが，ここ数年，ExcelやLotusなどの表計算ソフトにおけるグラフ化の機能は充実してきている．ここでは棒グラフと円グラフを示そう．

グラフにはこの他，折れ線グラフや株価グラフ，レーダーグラフなど多くの種類があるので，適切なものを選びたい．

2．1．2　離散型データ

前節で説明した質的データに対して，元々数値で表されているようなデータを**量的データ**と呼ぶ．量的データはその性質から**離散型データ** (discrete data) と**連続型データ**（continuous data）とに分類される．離散型データとは「この1ヶ月間に大学に通学した回数」のように飛び飛びの値しかとれないもので，連続型データは「1日に摂取した水分量」のように，測ろうと思えばどこまでも細かく測定できるものである．ただし年齢のように，元々は連続型データであっても，「21歳」のように慣例的に離散型データとして扱われているものも多い．歴史上最も有名な離散型データの例を用いて**度数分布** (frequency distribution) を表す**度数分布表**と**度数分布図**を作成してみよう．

例　プロシア陸軍の10個の騎兵連隊の20年間，延べ200騎兵連隊で，1年間に馬に蹴られて死んでしまった兵士の数が0, 0, 0, 2, 0, 2, 0, 0, 1, 1, ⋯, 0, 0というように連隊ごとに記録されている．これを同じ死亡者数ごとにまとめると次のような度数分布表ができあがる．

またこれをグラフ化しようとするならば，例えば図2.2のような度数分布図を利用することもできる．これを棒グラフと呼んでも間違いではないが，量的データの場合には度数分布図という用語を用いることも多い．なおこのデータは，

ポアソン（Siméon Denis Poisson）の考案したポアソン分布のあてはめに用いられた有名なデータである．ポアソン分布については7．2．1節を参照していただきたい．

表2.2　騎兵連隊で馬に蹴られて死んだ兵士の度数分布表

死亡者数	度数
0	109
1	65
2	22
3	3
4	1
合計	200

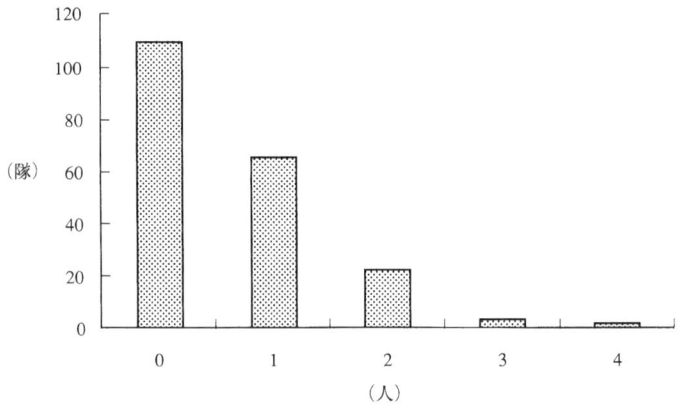

図2.2　騎兵連隊で馬に蹴られて死んだ兵士の度数分布図

2．1．3　連続型データ

前節で分類したように，量的データは離散型データと連続型データとに分けられる．連続型データの場合には多くの数値が他の数値と異なり，そのまま表やグラフにすると閑散としたものになってしまう．そこで度数分布表にする場合には**階級**（class）と呼ばれる範囲を隙間のないように設定して，各階級に含

まれる度数を表示するのが一般的である．すなわち大きさ n のデータ x_1, x_2, $\cdots$, x_n があった場合，階級を $t_0 \sim t_1$, $t_1 \sim t_2$, $\cdots$, $t_{k-1} \sim t_k$ と決め，それぞれの階級に含まれる個体の度数 f_1, f_2, $\cdots$, f_k を表示することになる．この場合，各階級内で両端の値を含むのか含まないのかをあらかじめ決めておく必要があるが，左端を含み右端を含まないように決めるのが一般的である．例えば $t_0 \sim t_1$ は t_0 以上 t_1 未満となる．

またこれをグラフ化する方法として**ヒストグラム**（histogram）や**幹葉表示**（stem and leaf）などがある．ヒストグラムでは連続型データの性質から，柱の間を開けないことに注意する必要がある．例を示そう．

例 表2.3は，アメリカ合衆国で1990年に実施されたセンサス（国勢調査）から1％だけ抜き出されたデータのうち，ハワイ州に住む30歳の男性131人の年収（単位：ドル）である．

これを1万ドルごとに階級としてまとめた度数分布表と幹葉表示が表2.4である．幹葉表示は，左側の数字が木の幹，右側の数字が葉と考えて，木に見立てたのが名前の由来である．この場合左側の0～7の数字が1万の位を表し，

表2.3 ハワイ州に住む30歳男性の年収

25000	21000	19000	30056	20000	300	18000	15680	36000
4200	28908	30000	35000	16000	0	35000	7000	28000
11000	16000	12000	33500	14400	12000	20000	18000	40893
24150	2000	38000	35000	17000	12000	4735	12000	18155
32000	20150	25632	29032	26000	5000	30000	17000	25035
20764	20000	18700	28300	40000	31800	30000	40000	24000
17000	50000	0	26354	17000	62000	6100	38000	0
480	8000	21000	28000	70197	30010	12000	25405	11919
10089	39900	20000	14958	4000	11000	7000	50000	16000
20000	26000	35000	32000	18000	20000	15800	34000	27500
32000	22100	15000	16000	10000	22000	10000	30000	28000
12000	10500	7000	41124	23000	47000	16000	43000	
26000	36674	17000	0	21656	25000	13000	65347	
0	24000	31000	17000	27000	35000	18500	35000	
0	11520	25000	22000	23000	35000	17200	0	

表2.4　ハワイ州に住む30歳男性の年収の度数分布表と幹葉表示

年収（ドル）	人数
0〜10000	19
10000〜20000	39
20000〜30000	37
30000〜40000	25
40000〜50000	6
50000〜60000	2
60000〜70000	2
70000〜80000	1
合計	131

```
0 | 0000000002444567778
1 | 00001111222223445556666677777778888889
2 | 00000000111222334445555556666677888889
3 | 0000001122234555555566889
4 | 000137
5 | 00
6 | 25
7 | 0
```

右側の並べられた数字が千の位を表している．例えば 4|000137 は40000ドル台が3人，41000ドル台，43000ドル台，47000ドル台がそれぞれ1人いることを示す．幹については5000ドルごとや1000ドルごとなどもとることができる．

　幹葉表示を縦に直すと当然のことながら図2.3のヒストグラムと形が一致する．幹葉表示とヒストグラムの短所と長所を考えてみてほしい．また幹葉表示は少し前まで非常に重宝されたが，その理由も考えてみていただきたい．

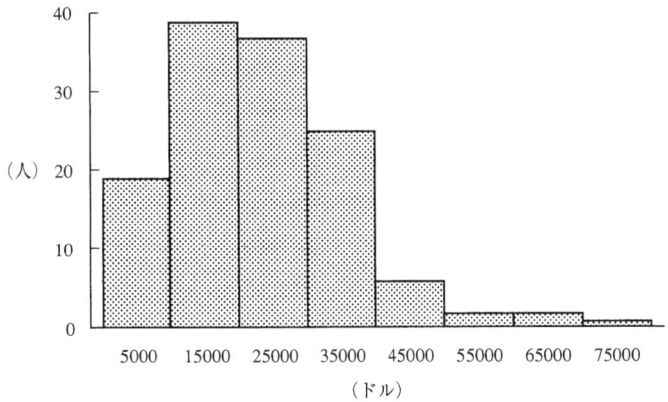

図2.3　ハワイ州に住む30歳男性の年収のヒストグラム

2．2 代表値

調査されたデータは，非常に多くの数値から構成されているのが普通である．私たちもその数字すべてを完全に把握できればそれに越したことはないが，時間的，能力的に困難である．表2.5のような例を見てみよう．これは1998年3月現在の都道府県別の博物館・美術館数のデータである．

表2.5　都道府県別の博物館・美術館数

都道府県	館数	都道府県	館数	都道府県	館数
北海道	214	石川	68	岡山	66
青森	44	福井	43	広島	68
岩手	67	山梨	63	山口	61
宮城	70	長野	199	徳島	31
秋田	58	岐阜	115	香川	35
山形	66	静岡	88	愛媛	61
福島	73	愛知	128	高知	26
茨城	54	三重	50	福岡	54
栃木	55	滋賀	49	佐賀	29
群馬	68	京都	58	長崎	41
埼玉	77	大阪	62	熊本	33
千葉	82	兵庫	120	大分	30
東京	219	奈良	35	宮崎	23
神奈川	95	和歌山	23	鹿児島	70
新潟	112	鳥取	20	沖縄	30
富山	48	島根	54		

このようなデータの特徴を短時間に第三者に伝えるためには，できるだけ少ない数値でデータ全体を表現できるものがあれば好都合である．**代表値**はそれをたった1個の数字で行おうとするものである．一般には平均値，中央値，最頻値などのように，**位置の測度**(location parameter)または**中心的傾向**(central tendency) と呼ばれるデータの中心を表現する数値を用いることが多い．

大きさ n のデータ

$$x_1,\ x_2,\ \cdots,\ x_n \tag{2.1}$$

について，それぞれの計算方法と，表2.5のデータからの計算結果を述べよう．

平均値（mean, average）

　平均値（しばしば単に**平均**と呼ぶ）にはいくつかの計算方法があるが，その中で最もよく用いられているのが**算術平均**（arithmetic mean）である．これは別名**相加平均**とも呼ばれる．それ以外にも**幾何平均**（geometric mean）または**相乗平均**と呼ばれるものや**調和平均**（harmonic mean）などがあるが，通常平均値と言えば暗黙の了解として算術平均が使われる．

　算術平均 $\overline{X}$ は

$$\overline{X} = \frac{1}{n}(x_1 + x_2 + \cdots + x_n) \tag{2.2}$$

によって与えられる．なお幾何平均 $\overline{X}_{GM}$，調和平均 $\overline{X}_{HM}$ はそれぞれ

$$\overline{X}_{GM} = \sqrt[n]{x_1 x_2 \cdots x_n} \tag{2.3}$$

$$\overline{X}_{HM} = \frac{1}{\frac{1}{n}\left(\frac{1}{x_1} + \frac{1}{x_2} + \cdots + \frac{1}{x_n}\right)} \tag{2.4}$$

によって計算される．これらは一般に算術平均に近い値を与えるが，極端に大きい値がデータに含まれている場合にも，その値に引きずられにくく，安定しているという特徴がある．

例　表2.5のデータではそれぞれ

$$\overline{X} = \frac{1}{47}(214 + 44 + \cdots + 30) = 68.83$$

$$\overline{X}_{GM} = \sqrt[47]{214 \times 44 \times \cdots \times 30} = 58.47$$

$$\overline{X}_{HM} = \frac{1}{\frac{1}{47}\left(\frac{1}{214} + \frac{1}{44} + \cdots + \frac{1}{30}\right)} = 50.67$$

と計算される．

中央値（median）

中央値は英語そのままにメディアンとも中位数とも呼ばれる．データ x_1, x_2, $\cdots$, x_n を値の小さい順に並べ直したものを

$$x_{(1)}, \ x_{(2)}, \ \cdots, \ x_{(n)} \tag{2.5}$$

と表すことにする．つまり $x_{(1)} \leq x_{(2)} \leq \cdots \leq x_{(n)}$ であり，このような並びは**順序統計量**（order statistics）と呼ばれる．このときの中央の値を中央値というが，n が奇数の場合にはちょうど真ん中に数値があるので問題ないものの，偶数の場合には中央にあたる数値がないため工夫が必要となる．普通は n が奇数と偶数の場合に分けて，次のように中央値 M_e を計算することが多い．

$$n \text{ が奇数の場合} \qquad M_e = x_{\left(\frac{n+1}{2}\right)} \tag{2.6}$$
$$n \text{ が偶数の場合} \qquad M_e = \frac{1}{2}\left\{x_{\left(\frac{n}{2}\right)} + x_{\left(\frac{n}{2}+1\right)}\right\} \tag{2.7}$$

このような場合分けはやや面倒であるが，データが十分大きい場合には完全に中央の値をとらなくても大きな問題は起きないので，いろいろな工夫が考えられる．

例 表2.5のデータを小さい順に並べ直すと，1番目 鳥取 20，2番目 和歌山 23，同じく2番目 宮崎 23，…，24番目 山口 61，同じく24番目 愛媛 61，…，45番目 長野 199，46番目 北海道 214，47番目 東京 219，となる．都道府県数は47で奇数だから，

$$M_e = x_{\left(\frac{47+1}{2}\right)} = x_{(24)} = 61 \tag{2.8}$$

となる．

最頻値（mode）

最頻値は流行値とも呼ばれ，その名の通り最も度数の多い値，つまり最もありふれた値を指す．

例えばテストの点数のような離散型のデータでは，もし75点の人が最も多け

ればその値が最頻値となり何も問題は起きないものの，陸上競技会の100m走のタイムのような連続型のデータの場合にはその測り方が問題となる．もしある人のタイムが10.0135…秒のときに，小数点以下の数値を十分とりすぎると，この人と同タイムの人はいなくなってしまい，どのタイムの度数も1となってしまう．これでは最頻値は計算できないため，2．1．3節のような度数分布表を作り，最も多い度数の階級の**階級値**（class mark）を最頻値として使うのが普通である．階級値は階級の真ん中の値である．このほかにもデータに曲線をあてはめ，もし山型になればその頂上をとる値を使う方法などもある．

例 表2.5で同じ館数のものをまとめると，茨城，島根，福岡の3県が54で，群馬，石川，広島の3県が68で最も大きいグループとなる．したがって最頻値 M_o は

$$M_o = 54, 68$$

と求められる．なお最も大きいグループが数多くできるときには，最頻値を求めることそのものが意味を持たなくなる．

これらの中心的傾向の指標に対して，特徴的な値や総合的な値を用いる場合も多い．

最大値（maximum value）と**最小値**（minimum value）

天気予報の明日の気温の予想では最高気温と最低気温，つまり最大値と最小値を予想するのが普通で，平均値などを話題にすることはほとんどない．最大値 Max と最小値 Min は中央値のときの(2．5)式のようにデータを小さい順に並べ直したとき

$$Max = x_{(n)} \qquad (2．9)$$
$$Min = x_{(1)} \qquad (2．10)$$

と決められる．例えば走り幅跳びで5回の跳躍のうちで最も跳んだものを記録として採用したり，100年間で最も大きな地震にも耐えられるようにビルを建設

したりするなど，最大値と最小値を利用しているケースは意外に多い．

例 表2.5のデータでは最大値は東京の $Max=219$，最小値は鳥取の $Min=20$ となる．

総計値（total value）

47都道府県の米の収穫量が発表されたときに，その平均値をとっても傾向を読みとることはできるが，過剰生産か不足かを見たいときには総計値（合計値）が大きな役割を演じる．総計値 T は次の式で求められる．

$$T = x_1 + x_2 + \cdots + x_n \tag{2.11}$$

例 表2.5のデータの数値をすべて足すと

$$T = 214 + 44 + \cdots + 30 = 3235$$

となる．ちなみに1996年の総計値は3125で，わずか2年間で110も増加したことになる．特に長野県は単独で23も増加している．

総計値を元にしたバリエーションも多い．例えばスキーのジャンプ競技の飛型点は，5人の審判員の20点満点の得点のうち，最大値と最小値を除いたものの総計値を用いている．これは身内の選手へのひいきや，ライバルチームの選手への辛い点数を排除する目的であるが，統計学的に見れば異常値という飛び抜けた値を消去する効果もある．

例えば長野オリンピックで悲願の金メダルを獲得したジャンプ団体の2本目，137m を飛んだ原田選手の飛型点は 17.5, 17.0, 17.0, 17.0, 16.5 で，最小値の 16.5 と最大値の 17.5 を除いた3人の得点が使われ，最後に 125m を飛んだ船木選手の飛型点は 19.0, 19.5, 19.0, 18.5, 19.0 で，最小値の 18.5 と最大値の 19.5 を除いた得点が使われた．

これ以外にも多くの代表値があるが，現在代表値として飛び抜けてよく用いられているのは平均値である．これはデータのすべての数値を用いて計算され

ることや，数直線を棒に見立てて，数値に相当する場所に同じ重さのおもりを吊したときに，釣り合う支点が平均値となるような物理学との対応付けができる点，更には次の節で述べる分散や標準偏差が平均値なしには計算できない点などによる．

2．3　散布度

　多くの数値からなるデータの特徴をたった1個の数字で表そうというものが代表値で，平均値が最もよく使われることを前節で述べた．この節ではそれにもう1個の数字を追加してデータの概形を，よりはっきりイメージできるものを考える．

　例えばある大学の学生の平均睡眠時間が6.50時間と知れば，その大学生の睡眠の平均的なイメージはわかるものの，ほぼ全員が平均睡眠時間なのか，3時間の学生もいれば11時間の学生もいるのかは，残念ながら平均値からはイメージすることはできない．そのため平均値を補う数字として，データの散らばりを表す**散布度**（dispersion）または**散らばりの測度**（scale parameter）と呼ばれる数値を求めるのが一般的である．散布度を表す数値は，すべて値が大きいほど散らばりも大きいことを示すが,それぞれの計算方法と表2.5からの計算結果を述べよう．

範囲（range）
　範囲Rは最も簡単に計算される散布度である．最大値 Max と最小値 Min を用いて

$$R = Max - Min \tag{2.12}$$

と計算される．

　例　表2.5では最大値が $Max=219$，最小値が $Min=20$ だったから，$R=219-20=199$ となる．

四分位範囲 (quartile range)

　範囲は直感的に明らかで計算も簡単であるが，最大値と最小値しか使わないため安定しない面もある．例えば160cmから180cm程度の身長のグループに210cmの人がたった1人加わると範囲は一気に30cmも大きくなってしまう．これを解決する方法の1つが四分位範囲である．

　中央値を求めるときのようにデータを小さい順に並べたときに，小さい方から全体の25%の位置にある数値を第1四分位数 Q_1，75%の位置にある数値を第3四分位数 Q_3 と呼ぶことにすると，四分位範囲 Q は

$$Q = Q_3 - Q_1 \qquad (2.13)$$

で計算される．これを2で割ったものを**四分位偏差** (quartile deviation) と呼ぶこともある．ちなみにデータの50%の位置にある数値 Q_2 は中央値である．

　例　表2.5のデータを小さい順に並べ直したとき，24番目の値 $x_{(24)}$ が中央値だった．全体の25%，75%の位置を決める厳密な方法はないが，ここでは12番目である長崎の41，36番目である福島の73をとることにすると

$$\begin{aligned}Q &= Q_3 - Q_1 \\ &= x_{(36)} - x_{(12)} = 73 - 41 = 32\end{aligned}$$

となる．ここで12番目と36番目に代えて，13番目と35番目を使うと $Q = 70 - 43 = 27$ となってしまう．これは十分大きいデータに対して用いるべきとの教訓でもあろう．

分散 (variance)

　分散は散布度を表すもののうち最もよく使われる指標の1つである．分散 S^2 は

$$S^2 = \frac{1}{n}\{(x_1 - \overline{X})^2 + (x_2 - \overline{X})^2 + \cdots + (x_n - \overline{X})^2\} \qquad (2.14)$$

で計算される．ただし手計算する場合に，平均値 $\overline{X}$ が整数値にならなければ上の式は計算しにくいので，

$$S^2 = \frac{1}{n}(x_1^2 + x_2^2 + \cdots + x_n^2) - \overline{X}^2 \qquad (2.15)$$

を用いると便利である．この2つの式が等しいことは，次のように簡単に証明できる．

$$\begin{aligned}
S^2 &= \frac{1}{n}\{(x_1-\overline{X})^2+(x_2-\overline{X})^2+\cdots+(x_n-\overline{X})^2\} \\
&= \frac{1}{n}\{(x_1^2-2x_1\overline{X}+\overline{X}^2)+(x_2^2-2x_2\overline{X}+\overline{X}^2)+\cdots+(x_n^2-2x_n\overline{X}+\overline{X}^2)\} \\
&= \frac{1}{n}(x_1^2+x_2^2+\cdots+x_n^2) - 2\frac{1}{n}(x_1+x_2+\cdots+x_n)\overline{X} + n\cdot\frac{1}{n}\overline{X}^2 \\
&= \frac{1}{n}(x_1^2+x_2^2+\cdots+x_n^2) - \overline{X}^2 \qquad (2.16)
\end{aligned}$$

例 表2.5のデータでは

$$S^2 = \frac{1}{47}\{(214-68.83)^2+(44-68.83)^2+\cdots+(30-68.83)^2\} = 2012.18$$

と計算される．

分散は単位が元の値の2乗となるため，例えば元の単位が"円"であれば分散の単位は"円^2"という奇妙な単位となってしまう．またS^2という記号を不思議に思うかも知れない．この解答は次の指標の中にある．

標準偏差 (standard deviation)

標準偏差はピアソン（Karl Pearson）という統計学者によって考案されたもので，分散の平方根で計算される．記号は普通，英語の頭文字をとってSで表される．標準偏差は元の数値と同じ単位で，標準偏差の2乗である分散の単位が奇妙なものになってしまうのはそのためである．また分散は標準偏差が考案された後にフィッシャー（Ronald Aylmer Fisher）が名付けたもので，記号も標準偏差の2乗という意味でS^2が使われているのである．なお分散には英語の頭文字をとってVという記号が使われることもある．

例 表2.5のデータでは

$$S=\sqrt{2012.18}=44.86$$

と計算される．

　上の例の $S^2=2012.18$，$S=44.86$ が大きいのか小さいのかは簡単に判断できないが，例えば数年前の結果と比べて散らばりが大きくなったとか，あまり変わらないと言うことはできる．また，分散と標準偏差の違いはルートをとるかとらないかだけであるから，2つの指標の性質は次のように非常に似ている．

① $S^2 \geq 0$，$S \geq 0$ である．
② データの数値がすべて等しいとき $S^2=0$，$S=0$ である．
③ データの数値がばらつくほど S^2 と S は大きくなる．

　またどちらの指標ともデータの大きさにはほとんど左右されないし，データの数値の大きさにも影響を受けない．前者は，例えば大きさ10のデータでも100のデータでも，一般にどちらかの分散や標準偏差が大きくなるというようなことは言えず，その比較もほぼ平等な立場で行えることを意味している．また後者は，例えば 1, 2, 3, 4, 5 というデータと 101, 102, 103, 104, 105 というデータの分散も等しく，標準偏差も等しいことを意味している．この性質への疑問が，次節の変動係数が誕生した理由の1つである．

　分散と標準偏差は散布度として最も利用される指標であるが，同じ性質を持つ2つの指標が両方とも使われることを不思議に思うかも知れない．標準偏差は別の多くの指標に使われたり推測統計に利用されたりするなど，非常に応用価値が高い．それに対して分散はルートを計算しなくてもよいため，特にコンピュータが未発達の時代には重宝されたほか，調査の際のコストの計算などにも利用できる．このような経緯で現在も両方とも使われているのである．

2.4 散布度を用いたいくつかの指標

2.4.1 変動係数

前節で標準偏差は分散に比べて多くの指標に用いられていると述べたが，この節ではその1つである**変動係数**（coefficient of variation）について説明しよう．

分散や標準偏差は散らばりを表す重要な指標ではあるものの，計算された値が大きいか小さいか即座に判断できない欠点もある．例えば標準偏差の値が大きいとしても，そもそもデータの値が大きいかも知れないし，その逆のこともあるだろう．したがって散布度を測る場合にはデータの数値の大きさとの比較を取り入れなければいけないだろう．その考えに基づく指標が相対的な散布度である変動係数 $C.V.$ で，次のような簡単な式によって求められる．

$$C.V. = \frac{S}{\overline{X}} \tag{2.17}$$

またこれを100倍した数値もパーセントという形でしばしば用いられる．

ただし，「小売店での売り上げの前年からの増減」や「気温」のように負の値をとるデータでは，変動係数も負になったり，発散（分母が0となり計算できなくなる状態）してしまうことがあるため，変動係数は非負のデータで，しかも0に近い数値が多くないデータに対して用いられるのが普通である．

その有用性を示すために2つの例を示そう．

例 まず次のような2グループの年間所得のデータを考えよう．

表2.6　2つのグループの年間所得

Aグループ	300万円	700万円	1100万円
Bグループ	3億9000万円	4億円	4億1000万円

例えば，Aグループは一般的なサラリーマンのグループで，Bグループは都道府県別の長者番付に顔を出す高額所得者といったところであろうか．まず

2つのグループの散らばりを考えてみていただきたい．Aグループでは最大値が最小値の4倍近くあるのに対して，Bグループは高額所得の割にはばらつきが小さいように見える．そこでまず分散と標準偏差を求めてみよう．

まず両グループの平均値がそれぞれ 7000000，400000000と求められるので，分散は

$$\text{Aグループ}：S^2=\frac{1}{3}\{(3000000-7000000)^2+(7000000-7000000)^2\\+(11000000-7000000)^2\}=1.067\times 10^{13}$$

$$\text{Bグループ}：S^2=\frac{1}{3}\{(390000000-400000000)^2\\+(400000000-400000000)^2\\+(410000000-400000000)^2\}=6.667\times 10^{13}$$

と計算される．また標準偏差も

$$\text{Aグループ}：S=\sqrt{1.067\times 10^{13}}=3265986$$
$$\text{Bグループ}：S=\sqrt{6.667\times 10^{13}}=8164966$$

と得られ，どちらの指標ともBグループの方が大きく，分散と標準偏差からはBグループの方がばらついていると結論づけられてしまう．

ここで変動係数を計算すると

$$\text{Aグループ}：C.V.=\frac{3265986}{7000000}=0.4667$$
$$\text{Bグループ}：C.V.=\frac{8164966}{400000000}=0.0204$$

となり大小関係は逆転する．変動係数は"相対的"な散布度の表現を，平均値と比較することによって実現したもので，いわば人間の感覚に近い散布度の尺度ということができるだろう．

例 前の例のAグループについてもう一度計算結果を単位を加えて整理すると，平均値 7000000（円），分散 1.067×10^{13}（円^2），標準偏差 3265986（円），変動係数 0.4667 であった．しかしその計算途中の桁数が多く，例えば"万円"単位で計算したいと考えた人も多いだろう．そこで実際に計算してみると

$$\overline{X} = \frac{1}{3}(300+700+1100) = 700 \text{ (万円)}$$

$$S^2 = \frac{1}{3}\{(300-700)^2+(700-700)^2+(1100-700)^2\} = 1.067 \times 10^5 \text{ (万円}^2\text{)}$$

$$S = \sqrt{1.067 \times 10^5} = 326.5986 \text{ (万円)}$$

$$C.V. = \frac{326.5986}{700} = 0.4667$$

となる．

　注意深く見ると万円単位のすべての値が円単位の値に等しいのはわかるが，一般にはこのように数値そのものに単位を付けることは少なく，特に分散などは誤った印象を持ってしまうことも考えられる．ところが変動係数は同じ単位の割り算によって得られるため単位がなくなるので，測定した単位によらず常に同じ値が得られるという特徴がある．したがって変動係数は数値そのものからばらつきを判断することが可能な普遍的な指標ということもできる．

2．4．2　偏差値

　偏差値は大学の受験生にとって極めて重要な指標である．模擬テストの偏差値が65であるとか40であるとかに一喜一憂するのは今も昔も変わらないが，それは50が偏差値の平均値であることを知っているからであろう．しかし65や40という数値にはどういう意味があるのだろうか．偏差値が100などということがあり得るのだろうか．思えば多くの受験生が偏差値の計算方法を知らないままに，その数値のみを受け入れているようである．実は偏差値も標準偏差を用いた指標の1つである．

　ところで"大学の偏差値"という言い方もよくされるため誤解されることが多いが，受験では個々の受験生の点数にのみ偏差値がつき，大学に対して偏差値が与えられることはない．例えば偏差値が55の大学というのは，ある模擬テストを受けた受験生の中で偏差値が55であった人が受験したときに，ある確率（一般には60%）で合格できると予想される大学のことである．したがって偏差値を解釈する際には，どの集団内の値であるかも十分注意しなければならない．

偏差値はテストの点数に対して用いられる印象が強いが、テストの点数に限らず量的データすべてに用いることができる。大きさ n のデータの中のある値 x の偏差値 z は、データの平均値 $\overline{X}$、標準偏差 S を用いて

$$z = \frac{x - \overline{X}}{S} \times 10 + 50 \qquad (2.18)$$

で求められる。この式のうち主要な部分 $\frac{x - \overline{X}}{S}$ はデータの**標準測度**(standard measure)と呼ばれ、統計学ではしばしば用いられる手法である。しかしこの部分の値は通常 $-3 \sim 3$ 程度の値しかとらず、このままではテストの点数とかけ離れたものになってしまう。そこでテストの点数の雰囲気を出すために便宜上10倍して50を加えるのである。

ここで $x_1, x_2, \cdots, x_n$ から計算される偏差値を $z_1, z_2, \cdots, z_n$ とすると、この平均値 $\overline{Z}$ は常に

$$\begin{aligned}
\overline{Z} &= \frac{1}{n}(z_1 + z_2 + \cdots + z_n) \\
&= \frac{1}{n}\left\{\left(\frac{x_1 - \overline{X}}{S} \times 10 + 50\right) + \left(\frac{x_2 - \overline{X}}{S} \times 10 + 50\right) + \cdots + \left(\frac{x_n - \overline{X}}{S} \times 10 + 50\right)\right\} \\
&= \frac{1}{n} \cdot \frac{(x_1 + x_2 + \cdots + x_n) - n\overline{X}}{S} \times 10 + 50
\end{aligned}$$

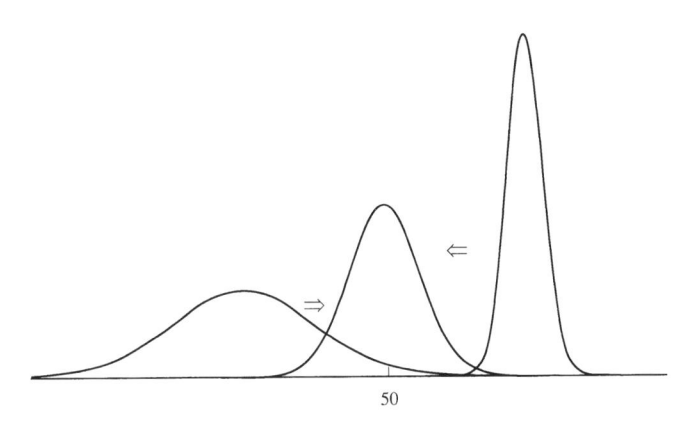

図2.4 元のデータから偏差値への変換のイメージ

$$= \frac{\overline{X} - \overline{X}}{S} \times 10 + 50$$
$$= 50 \tag{2.19}$$

となり，同様の計算により z の標準偏差は10となる．つまり元の数値を偏差値にすることにより，どのような位置のデータでも，どのようなばらつきのデータでも，ほぼ等しい概形のデータへと変換することができる．そのため偏差値を用いて様々なデータを比較することが可能となる．（図2.4にそのイメージを示す．）データが**正規分布**（normal distribution）に従っていれば更に綿密な議論ができるが，その点の説明は7．3．1節まで延ばすことにする．

2つの例を示そう．

例 次のデータは"調査論"という科目を受講した大学3年生50人の前期テストの点数（100点満点）である．この中の最初の2人の偏差値を計算してみよう．

表2.7 学生50人の前期テストの点数

30	80	80	60	50	70	75	90	80	55
70	80	75	60	80	80	90	90	90	45
35	25	90	70	75	45	100	80	90	80
80	85	35	65	90	80	75	70	75	55
75	90	50	40	90	90	75	20	80	95

50人の点数の平均値と標準偏差が $\overline{X}=70.70$, $S=19.60$ と求められるから，30点と80点の偏差値はそれぞれ

$$z = \frac{30 - 70.70}{19.60} \times 10 + 50 = 29.23$$
$$z = \frac{80 - 70.70}{19.60} \times 10 + 50 = 54.75$$

と計算される．ちなみに100点の偏差値でも64.95で，常識的な点数の付け方をした場合には，この程度の人数では70を超えるような偏差値は出にくいことが予想される．

例 あらかじめ裏を向けて並べられたトランプ20枚の色（赤または黒）を学生189人に予想してもらったところ，実際に当たった各自の枚数が次のようになった．このとき最高と最低の枚数の偏差値を求めてみよう．

表2.8　トランプの色当て枚数

枚数	0	1	2	3	4	5	6	7	8	9	10
人数	0	0	0	0	0	4	6	17	24	30	34

枚数	11	12	13	14	15	16	17	18	19	20
人数	33	18	13	7	3	0	0	0	0	0

平均値と標準偏差が $\overline{X}=9.884$，$S=2.160$ と求められるから，5枚と15枚の偏差値はそれぞれ

$$z=\frac{5-9.884}{2.160}\times 10+50=27.39$$

$$z=\frac{15-9.884}{2.160}\times 10+50=73.69$$

と計算される．

実はこれまで数千人の学生にこの実験に参加してもらったが，最も多く当たった学生でも18枚にとどまっている．もし20枚すべての色を当てたとすると，偏差値は96.84程度となるが，残念ながらそのような超能力者にはまだ出会っていない．そのような超能力者がいない限り，このようなデータは二項分布に従うことがわかっているが，二項分布については7．2．2節で説明することにしよう．

2つの例で見たように偏差値の最大値は状況によってかなり違うようである．データが大きくなれば最大値は大きくなるが，最も影響を与えるのが標準偏差である．テストのような場合にはとり得る最高の値が決まっているから，もし標準偏差が大きければ $\frac{x-\overline{X}}{S}$ はそれほど大きな値をとることはできない．したがって，標準偏差が小さく平均値も小さいときに，飛び抜けて大きな値をとれば偏差値も大きくなる．例えば0点が25人で100点が1人のとき100点の偏差値はちょうど100になる．しかしこのようなことは実際のテストでは起こることは

ほとんど考えられないし，逆にそのようなことが起こればテストそのものの質が問われることになるだろう．

2．5　相関と回帰

2．5．1　相関

　前節までに用いたデータはすべて1つの種類からなるものであり，このようなデータは **1 変量**（univariate）と呼ばれる．しかし一般に調査では多くの項目を同時に調べることが多く，項目間の関係を知りたいこともあるだろう．この節では **2 変量**（bivariate）の間の関係を見つけだす方法について考えていく．

　何人かの20歳の男性の身長と体重を測ったとすると，全体的には身長が低いほど体重は軽く，身長が高いほど体重も重い傾向にあるだろう．ただし身長が高くても体重が軽い人や，身長が低いけれども体重の重い人がいることも想像がつく．いったい身長と体重はどの程度関係しているのであろうか．身長と足のサイズの関係と比べて強いのだろうか，弱いのだろうか．このように2つの変数（項目）間の関係を**相関関係**という．

　横軸に身長，縦軸に体重をとり，座標平面上に人数分の点を書けば点の集まりは右上がりになるが，このとき身長と体重には**正の相関**があるという．その逆に右下がりになることがあれば**負の相関**があるという．どちらの場合も，点がある直線に近寄って並ぶほど相関は強く，遠ざかっているほど相関は弱いといい，もはや右上がりとも右下がりとも言えない場合には相関はないという．

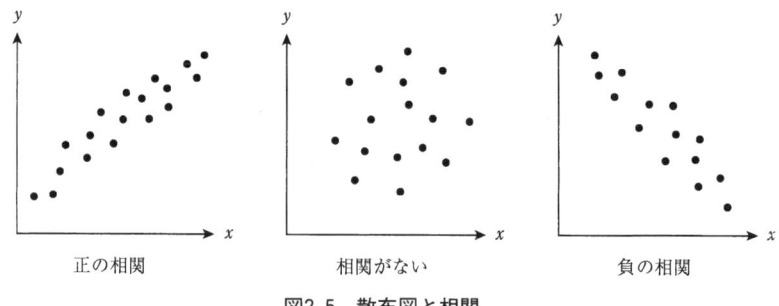

図2.5　散布図と相関

ちなみに座標平面上にこのように点が書かれた図を**散布図**（scatter diagram）または**相関図**と呼ぶ．

しかし散布図から受ける印象は人によって異なるため，代表値と同様にその関係を1個の数値で表すことができれば好都合である．その数値としてピアソンが考案した**相関係数**（correlation coefficient）が一般的に用いられている．表2.9の例を用いながら相関係数について説明しよう．これは1998年3月現在の，都道府県別100世帯あたりの新聞定受入紙数（毎日配達してもらっている数）とテレビ保有台数のデータである．

表2.9 各都道府県の100世帯あたりの新聞定受入紙数とテレビ保有台数

都道府県	新聞	テレビ	都道府県	新聞	テレビ
北海道	116	223	滋賀	125	267
青森	116	259	京都	118	257
岩手	98	225	大阪	114	236
宮城	114	282	兵庫	119	251
秋田	116	270	奈良	131	293
山形	115	298	和歌山	126	258
福島	123	257	鳥取	123	275
茨城	119	255	島根	128	301
栃木	137	279	岡山	114	295
群馬	140	280	広島	119	266
埼玉	123	255	山口	121	260
千葉	122	250	徳島	127	294
東京	121	230	香川	131	256
神奈川	115	231	愛媛	112	252
新潟	123	323	高知	102	251
富山	128	260	福岡	113	226
石川	128	295	佐賀	111	231
福井	123	321	長崎	100	231
山梨	114	289	熊本	108	239
長野	120	311	大分	104	211
岐阜	126	288	宮崎	103	188
静岡	120	277	鹿児島	94	180
愛知	133	275	沖縄	89	160
三重	136	299			

2つの変数 x, y からなる大きさ n のデータ (x_1,y_1), (x_2,y_2), …, (x_n,y_n) があるとき，x と y の平均値をそれぞれ $\overline{X}$, $\overline{Y}$, 分散をそれぞれ S_x^2, S_y^2 とする．つまり

$$\overline{X} = \frac{1}{n}(x_1 + x_2 + \cdots + x_n) \tag{2.20}$$

$$\overline{Y} = \frac{1}{n}(y_1 + y_2 + \cdots + y_n) \tag{2.21}$$

$$S_x^2 = \frac{1}{n}\{(x_1 - \overline{X})^2 + (x_2 - \overline{X})^2 + \cdots + (x_n - \overline{X})^2\} \tag{2.22}$$

$$S_y^2 = \frac{1}{n}\{(y_1 - \overline{Y})^2 + (y_2 - \overline{Y})^2 + \cdots + (y_n - \overline{Y})^2\} \tag{2.23}$$

である．

ここで新たに x と y の共分散 $S_{x,y}$ (covariance) を次のように計算する．

$$S_{x,y} = \frac{1}{n}\{(x_1 - \overline{X})(y_1 - \overline{Y}) + (x_2 - \overline{X})(y_2 - \overline{Y}) + \cdots + (x_n - \overline{X})(y_n - \overline{Y})\} \tag{2.24}$$

ただし手計算の場合には $\overline{X}$, $\overline{Y}$ が整数にならなければ計算が大変なので

$$S_{x,y} = \frac{1}{n}(x_1 y_1 + x_2 y_2 + \cdots + x_n y_n) - \overline{X}\,\overline{Y} \tag{2.25}$$

を利用した方がよい．

ここで例えば $x_1 - \overline{X}$ を見ると，x_1 が x の平均値 $\overline{X}$ よりも大きければ正で，小さければ負となる．$y_1 - \overline{Y}$ についても同じことが言えるため，x_1 と y_1 が共に大きかったり共に小さければ $(x_1 - \overline{X})(y_1 - \overline{Y})$ は正となり，x_1 が大きくて y_1 が小さかったり，その逆のときなどは負となる．したがって，正の相関を持つときには $S_{x,y}$ は正で，負の相関を持つときには負となることは直感的に明らかである．

ここで相関係数 r は

$$r = \frac{S_{x,y}}{S_x S_y} \tag{2.26}$$

によって求められるが，相関係数には次のような性質がある．

① $-1 \leq r \leq 1$ である．
② $r<0$ のときには負の相関，$r>0$ のときには正の相関がある．
③ $r=0$ のときには相関がない．
④ $r=\pm 1$ のときにはすべての点が一直線上に並ぶ．

例 まず表2.9のデータを散布図に表すと図2.6のようになる．

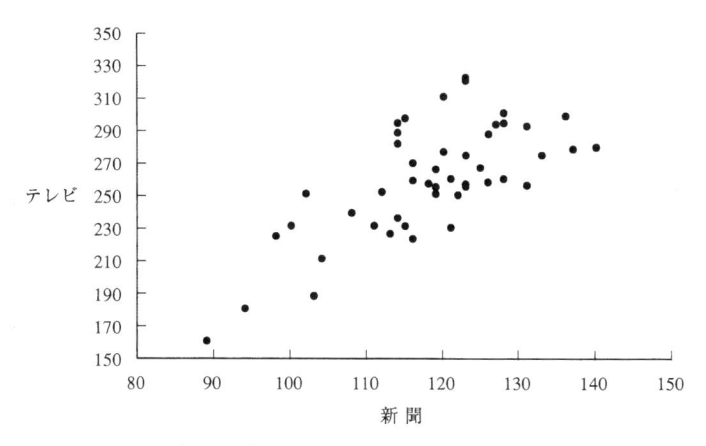

図2.6　新聞定受入紙数 x とテレビ保有台数 y の散布図

次に新聞を x，テレビを y とすると

$$\overline{X} = \frac{1}{47}(116 + 116 + \cdots + 89) = 118.26$$

$$\overline{Y} = \frac{1}{47}(223 + 259 + \cdots + 160) = 259.79$$

$$S_x^2 = \frac{1}{47}\{(116-118.26)^2 + (116-118.26)^2 + \cdots + (89-118.26)^2\} = 118.70$$

$$S_y^2 = \frac{1}{47}\{(223-259.79)^2 + (259-259.79)^2 + \cdots + (160-259.79)^2\}$$
$$= 1191.79$$

$$S_{x,y} = \frac{1}{47}\{(116-118.26)(223-259.79) + (116-118.26)(259-259.79) + \cdots$$
$$+ (89-118.26)(160-259.79)\} = 264.84$$

と計算されるので，相関係数は

$$r = \frac{264.84}{\sqrt{118.70 \times 1191.79}} = 0.7041$$

と求められ，比較的高い相関があることがわかる．

相関係数については，しばしば誤解される点を3つ注意しておこう．

まず1つ目は，相関係数は直線的な関係しか評価しない点である．例えば図2.7のように座標平面上で点が円状に並んでいるとき，xとyには明らかに相関があるものの，相関係数はほぼ0となってしまう．したがって相関係数を計算する前には必ず散布図を描くように心がけなければならない．

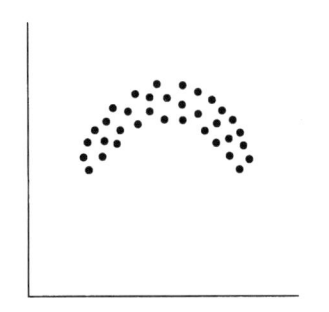

図2.7 相関係数がほぼ0となる例

2つ目は相関係数によっていくつかの相関の大小関係は言うことができても，相関係数0.6のものが0.3のものの2倍の相関があるというような言い方はできない点である．ただし一般には，相関係数が0.5程度あればそこそこの相関があり，0.8を超せばかなり強い相関があると考えるのが普通である．

3つ目は，仮にxとyとの相関係数が大きくても，直ちにxとyの因果関係があるとは言えない点である．昔，誤解を招いた有名な話があった．30年ほど前の教員の月給と，成人1人あたりの酒への支出金額を毎年記録し相関係数を計算したところ，ほぼ1に近い値が得られ，教員は飲んべえであると結論を下されたことがある．これは大きな誤りで，この当時は高度経済成長で教員の月給も上がり，酒の値段も上がっていただけのことである．私たちはこの轍を踏んではいけない．

2.5.2 回帰

xとyとの相関係数がある程度高ければ，座標平面上において点はある程度直線的に並ぶので，その真ん中を通るような直線を書き入れてみたくなるかも知れない．また女性に対して，身長に比べて体重を調査するのがはばかられる状況のとき，身長から体重を予測できればと考える人もいるだろう．これを実現するのが**回帰直線**（regression line）である．

座標平面上にn個の点(x_1, y_1)，(x_2, y_2)，…，(x_n, y_n)があるとする．まず仮に直線を$y = ax + b$としたときに，個々の点からy軸に平行に直線まで下ろした線分の長さ$|y_i - (ax_i + b)|$を2乗したものの和が最も小さくなるようにaとbを決めたとき，その直線を**yのxへの回帰直線**（regression line of y on x）と呼び，次のように書かれる．これはxの値からyの値を予測する際に使われる．

$$y = \frac{S_{x,y}}{S_x^2} \cdot x + \overline{Y} - \frac{S_{x,y}}{S_x^2} \overline{X} \qquad (2.27)$$

この式は線分の長さの2乗和の式をaとbでそれぞれ偏微分することによって得られるが，ここではその過程は省略する．

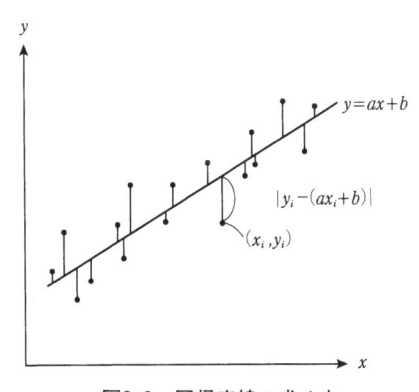

図2.8 回帰直線の求め方

例 表2.9のデータから必要な値は，相関係数を計算する際にすべて求められているので，それを式に代入すると

$$y = \frac{264.84}{118.70}x + 259.79 - \frac{264.84}{118.70} \times 118.26 = 2.231x - 4.060$$

と計算され，図2.9の実線である．

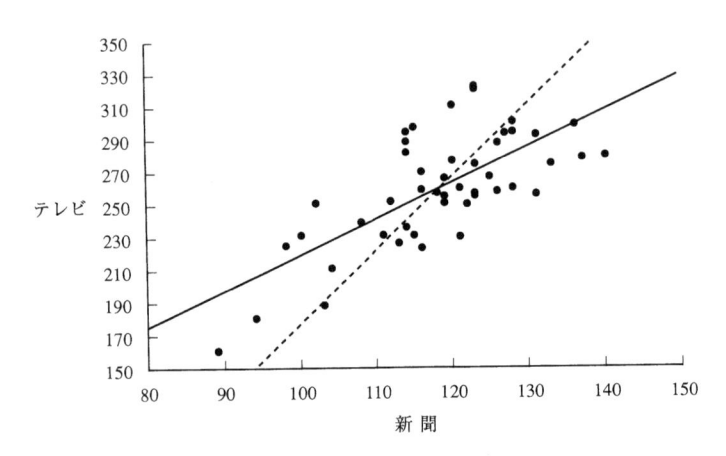

図2.9　テレビ保有台数 y の新聞定受入紙数 x への回帰直線

　例として岡山県にこの結果を用いて，新聞定受入紙数 x からテレビ保有台数 y を予測してみよう．岡山県の新聞定受入紙数は114だから，$y = 2.231 \times 114 - 4.060 = 250.29$ と予測される．これは図形的には，x 軸の114の点から y 軸に平行に上に向けて線を引き，回帰直線と交わる点で折り返し，今度は x 軸と平行に y 軸に到達した値が250.29ということになる．実際の値は295だからあまりよい結果とは言えない．これは岡山県が回帰直線から上へ大きく外れていることを意味している．

　図2.9の回帰直線が点の集まりの真ん中を通っていないように感じられるかも知れないが，それは正しい感覚である．もし真ん中を通る直線を使って予測をすると，新聞の数が少ない県のテレビ台数は少なめに，新聞の数が多い県は多めに予測してしまうことになる．これは点の集まりを縦に切った切り口を考えればわかりやすいが，その理由は各自で考えてみていただきたい．なおテレビの台数から新聞の数を予測する場合には，図2.9の点線を利用することにな

る．これは **x の y への回帰直線** (regression line of x on y) と呼ばれ

$$x = \frac{S_{x,y}}{S_y^2} \cdot y + \overline{X} - \frac{S_{x,y}}{S_y^2} \overline{Y} \qquad (2.28)$$

で求められる．

　この章で説明した相関や回帰は元々ゴールトン（Francis Galton）が考案したもので，後に何人かによって改善され，最終的にピアソンによって完成されたものである．

第3章 調査の方法

3．1 質問法と観察法

　調査は，目的としている情報を集めるための手段の総称であるが，個人を対象とした**個人調査**や世帯を対象とする**世帯調査**がある．特に家電製品の購入や使用状況，定期購読している新聞，更には家計や就業状態に関する内容は世帯単位でなければ調査しにくい場合があり，そのような場合には各世帯を訪問する調査を行うのは当然であろう．調査対象を個人にするか世帯にするかを曖昧にしたまま調査が行われるケースは少なくなく，調査結果の解釈に困ることがあるので注意したい．

　また**官庁統計**（government statistics）の商業統計や工業統計のような事業所を対象とする**事業所調査**も行われており，企業の製品開発のための市場調査でも，個人調査，世帯調査とともに，関連企業から意見を集めるための事業所調査もしばしば行われる．ただし利害関係がない場合には問題は起きないものの，利害関係のある企業間での調査に協力が得られる可能性は小さい．

　調査の方法は**質問法**（question method または questionnaire method）と**観察法**（observation method または observational method）に大別される．

　質問法は文書または口頭などで**調査対象者**（respondent）に質問をして，回答を得る方法であり，一般に調査を実際に行う**調査員**（interviewer）と調査対象者の間のコミュニケーションが存在する．調査といえばこのタイプを思い浮かべる人も多いだろう．通常，質問法では質問項目が並べられた**調査票**（questionnaire）または**アンケート用紙**と呼ばれるものを用いることになる．

　質問法の実現方法は多岐にわたり，電話や郵便を利用する方法，各世帯や街頭で面接形式によって調査する方法，また最近ではインターネットを利用する方法なども行われている．これらの方法にはそれぞれ長所と短所があり，調査

内容や調査範囲，経費や時間などを総合的に考慮してどの方法を選択するかを決定しなければならない．各方法については次節で詳しく述べることにする．

なお質問法は通称**アンケート**（enquête）とも呼ばれる．アンケートという用語はフランス語で，元来は委員や有識者に対して意見を求める方法を意味していたが，言葉の響きが柔らかく感じられるため，最近では質問法と同義に用いられるようになってきた．

これに対して調査対象者に質問を行わず，調査員の観察や資料の収集などによって行う調査法を観察法という．例えば街頭で携帯電話の使用形態を観察したり，ある店内や商店街での客の流れを観察するような実際に観察する方法に加えて，ある期間内の販売店での販売数を記録する方法のように一般には観察と呼ばれないものもこの範疇に含まれる．すなわち調査員と調査対象者の間のコミュニケーションは行われず，情報は一方向にだけ流れることになる．観察法については3．3節で説明することにする．

3．2　質問法の種類

3．2．1　郵送調査法

前節で紹介したように質問法の実現方法は多岐にわたっている．特に最近の各種メディアの発達と行動の多様化によって，その種類や各方法に頼る比率も変わりつつある．この節では主な方法を紹介し，その利点や欠点を述べていきたい．

まず**郵送調査法**（mail survey）について考えよう．郵送調査法は調査対象者の自宅などに調査票を郵送し，通常2，3週間の決められた期間内に返信用の封筒などに入れて返送してもらう方法である．回答の期間は短すぎても長すぎてもよくない．単独の企業の調査などではこの方法がよく用いられるが，その場合には何らかの広告を兼ねている場合も多い．調査員が調査対象者と一度も顔を合わせることがなく，調査票の果たす役割が非常に大きいため，調査の目的や利用法などを詳しく書いた丁寧なあいさつ文を同封するべきだろう．この点については4．1．2節を参照していただきたい．

郵送調査法の利点

　調査の費用が安く，特に調査対象者が広い範囲に散らばっている場合にはそのメリットは大きい．また調査自体には調査員を必要としないため，調査員を必要とするのは調査票の発送と集計のときぐらいである．それも時間の余裕があれば少人数で行うことができるため，人件費を低く抑えることが可能である．また調査対象者である回答者は時間の空いたときに回答できるため，比較的量の多い調査も可能となるし，不在がちな調査対象者からも回答を得ることができる．

　更に調査員が調査に直接介入しないため，調査員の印象や説明の良し悪しによる回答の偏りも起こらない．

郵送調査法の欠点

　調査対象者のうちの回答者の比率を**回収率**（response rate）というが，郵送調査法は回収率が最も悪い質問法の1つである．一般の調査では20%の回答があればよい方で，自治体などが行う公の調査でも50%程度にとどまる場合が多い．そのため回答の期間中に再度お願いの文書を郵送したり，期限までに返送しない調査対象者には督促状を郵送することが多い．ただし調査はあくまでも本人の協力に頼るものなので，これらの文書の書き方にも注意したい．例えば返送と督促状が行き違いとなる可能性もあるため「行き違いになっている場合にはご容赦ください」などの一文を加えるべきだろう．なお回収率は調査対象者全体を分母にする場合と，実際に調査を行った対象のみを分母にする場合がある．

　回収率が低いため，もし回答者と**無回答者**（nonrespondent）との間に意見の違いがあった場合には，結果に偏りが生じる可能性があるため注意を要する．例えばあるメーカーの健康ドリンクについて調査する場合には，その健康ドリンクを知っている人と比べて知らない人からの返送の少ないことが知られている．そのため，分析の際にはその影響を十分考慮しなければならない．

　また本人が記入したという保証がないのも欠点である．お礼の粗品につられて他の家族が記入してしまうのはよくあることである．

3.2.2 電話調査法

電話調査法または**電話法**（telephone survey または telephone interview）と呼ばれる方法は，調査員が調査対象者に電話によって口頭で質問を行い，回答を得る方法であり，新聞社や調査会社などの大規模な世論調査の多くはこの方法で行われている．この場合必要となるのは十分な数の電話機で，電話帳などを用いて選ばれた調査対象者に対して電話をかけて調査を行うことになる．他の質問法と異なり，調査員が調査対象者と直接顔を合わせることがなく，調査票もないため，言葉だけが頼りになる．したがって，言葉遣いや礼儀などに細心の注意が必要であり，慣れた調査員の確保が必要となる．

電話調査法の利点

調査対象者とのコンタクトが最も簡単に行え，十分な人数の調査員を確保できれば大規模な調査でも数日以内に完了することができる．そのため最近起きた出来事に対する意見や新発売の製品の購入の有無などについて迅速な調査が可能である．

また調査対象者が同じ市内または比較的狭い地域に集中している場合には調査費用も安く，一般的に回収率も郵送調査法よりも高い．また面と向かっては答えにくいような内容でも，顔を合わせなくて済むため回答してくれる場合もある．

電話調査法の欠点

電話調査法の最大の欠点は，調査対象者が電話の所有者に限定されることであるとされてきたが，普及率の増加によってその問題は現在ほとんど解決された．しかし携帯電話などの普及によって，個人でも複数の電話を所有するケースが増えてきたため，電話を複数持つグループから調査対象者が選ばれる可能性が多いという新たな問題も発生しつつある．

また電話帳への電話番号の掲載率は都市部を中心に年々下がり続けており，新聞社などの調査でも調査対象者の2〜3割程度の電話番号を割り出せないという問題も起きている．更に調査時間帯に不在である場合も多く，例えば日中に時間を設定した場合には，サラリーマンなどの多くは調査から漏れてしまう

ことになる．仮に電話がつながっても調査対象者本人が応対しない場合も多く，その際の対応についてもあらかじめ決めておく必要がある．

電話調査では調査時間はせいぜい10分が限度で，しかも多くの選択肢からあてはまる項目を選ぶような質問は，調査対象者が記憶しきれないため向かない．したがって調査内容も電話調査法という方法を考慮して決定されなければいけないだろう．

3．2．3　面接法

面接法（personal interview または face-to-face interview）は，調査員が調査対象者に直接会って調査を行う方法の総称で，各世帯や事業所などを訪問して調査する**訪問面接法**（door-to-door interview）を含む用語である．しかし一般に面接法といえば訪問面接法を指すことが多いため，ここでは訪問面接法を単に面接法と呼ぶことにする．このほかにも**口頭面接法**（oral interview）や**個人面接法**（personal interview）なども同義に使われることが多い．

面接法は調査員があらかじめ決められた世帯などを手分けして訪問して，口頭または調査票を見せながら主に玄関で調査する方法であるが，調査員の印象が調査の成功の鍵となる一方で，訪問は体力的にもきつい作業であるため，調査員の確保が大きな課題となる．また突然の訪問では訪問販売と誤解され調査を拒否される可能性が高いため，事前に電話か郵便で調査の趣旨と日時を説明するべきである．また不在の場合には後日再度訪問して回収率を上げる努力をしなければならない．

面接法の利点

調査対象者に会うことができさえすれば回答を得られる率は一般に高い．また調査票と調査員の説明を併用できるので，細かい調査や微妙な内容の調査を行うことができ，調査対象者の質問の理解度に応じて説明を加えるなど，臨機応変の対応が可能である．更に調査対象者の自宅で調査できるためやや長めの調査や，調査に関する実物を見せながらの調査も可能となる．

面接法の欠点

　特に都市部では自宅への訪問そのものを嫌う傾向が年々強くなっており，調査拒否の比率が高い．最近は調査を騙った商法も多く，訪問そのものへの警戒感を強める要因となっていることは残念である．

　また一般に調査員にかかる費用が高く，特に調査地域が広い範囲に分散している場合には深刻な問題となる．調査員の質の維持も大きな問題で，事前の教育などにも時間と労力が必要となる．多くの調査員を抱える調査では，調査員の担当したグループ間で回収率に大きな違いがあったり，回答そのものに違いのあることもしばしばで，回収後にその点のチェックを行う必要がある．

　更に訪問時間は調査によってほぼ決められているため，何度訪問しても調査対象者が不在の場合も起こり得る．

3.2.4　留置法

　留置法（placement method）は"とめおき法"と読み，留め置くものは調査対象者ではなく調査票である．留置法では，まず調査員が各世帯などを訪問して調査票をわたし，記入の仕方などを説明する．この部分はしばしば調査票の郵送で置き換えられることがある．どちらにしても，その後一定期間調査票を各世帯などに留め置き，その間に時間を見つけて記入してもらう．そして期限の日時に調査員が再び各世帯を訪問して回答をチェックし，もし記入漏れなどがあればその場で記入してもらい，調査票を回収する方法である．

　国勢調査や他の官庁統計の調査の多くではこの方法がとられており，手間はかかるものの極めて有効な調査法である．留置法はいわば面接法と郵送調査法をミックスした方法であり，利点もその両方を併せ持っている．

留置法の利点

　利点としては回収率の高さが上げられ，80％以上の回収率も珍しくない．また回答内容の信頼性も高く，記入漏れなども一般に少ない．更に初めに十分な説明を行っておけば，留め置く期間中の行動の記録などを時系列的に回答してもらうことも可能であるし，製品をわたしておき，その使い心地などを回答し

てもらうのにも向いている．

留置法の欠点

　面接法のように不在のため何度も訪問することは少ないものの，調査の開始時と終了時に2度訪問しなければならないためコストが高い．2度の訪問の調査員が同一である方が望ましいが，そうすれば長期にわたって調査員を確保する必要がある．また最後に回収できなければそれまでの労力がすべて無駄になる可能性もある．

　更に面接法と異なり，本人が記入したという保証がないため，回答にやや偏りが生じる恐れがある．

3．2．5　街頭面接法

　街頭面接法（street interview）は**街頭面接調査法**とも呼ばれ，販売店の店頭や街頭で，買い物客や通行人に対して調査を行う方法である．一般に調査員がその場で調査対象者を選び，口頭で質問をして，回答の記入も調査員が行う場合が多いが，選択肢が多い質問などをする場合には調査票を調査対象者に見せながら調査を行うこともある．買い物客や施設の利用者のように調査対象者が限定されている場合には，年齢や性別などを考慮してどの程度の比率で調査対象者を選ぶかが問題となるが，限定されない場合には，その問題に加えて調査地点をどこに置くかが大きな問題となるだろう．

街頭面接法の利点

　調査対象者から調査拒否されることは少なくないが，そのときには直ちに次の対象を選べばよいので必要な人数分の回答を得るのはさほど難しくない．また世帯を訪問するのと比較すれば費用も少なく抑えることができるし，調査の準備もあまり必要としないため迅速な調査が可能となる．特に販売店や施設などの利用に関する調査では，この方法以外の調査は困難であろう．ただし分析の際には，あくまでもその利用者のみから得られた結果であることを忘れてはならない．

街頭面接法の欠点

　調査を拒否する理由が調査内容そのものに関わるような場合には，大きく偏った結果が得られることに注意しなければならない．またどの地点を選ぶにしても，その地点を通行する人はある属性を持っている．例えばJR運賃についての調査を行う際に，利用者のみを調査しようとすれば駅の出口付近で調査すればよいが，利用していない人も含めた意見を聞きたければ駅の近くを調査地点にしてはならないのは当然である．しかし駅から離れると逆に利用者が少なくなってしまう場合も考えられ，調査地点の選択は難しい問題と言えよう．もし利用率の情報を持っているならば，調査後に補正をすることも可能である．

　1人に対する調査時間は数分程度が限度で，長くなると極端に協力が得られにくくなる．しかも屋外での調査が多いため，雨や風などの気象条件に左右される欠点もある．また記入の際には調査票を手で持つ必要のある場合がほとんどで，用具の工夫も必要である．

　調査地点を選ぶ場合には，周辺の住民などの迷惑にならないように細心の注意を払う必要もあろう．

3．2．6　インターネット調査法

　インターネット調査法（internet survey）は，1990年代以降に急速に発達してきた調査法で，インターネットや電子メールなどを利用して調査を行う方法である．例えばインターネットの情報検索システムの goo で，"調査"，"アンケート"という単語で検索を行ったところ2000年3月現在でそれぞれ約70万件，40万件のホームページが検索された．もちろんこの中には，調査やアンケートの結果を示しているだけのものやアンケートの話題を取り上げているだけのものも多いが，ホームページを利用して調査を行おうとしているものも少なくない．

　インターネットを利用する調査では，ホームページ上で回答者にあてはまるものをマウスでクリックしてもらうものが多いが，意見などをキーボードで入力してもらうものもある．これらの調査の多くでは，調査が完了した時点でプレゼントの抽選の権利が得られ，回答者はそれを目当てにしている場合が多い．

また電子メールを利用する調査では，顧客として登録されていたり，何かのリストに入っている電子メールのアドレスに調査票を送り，回答者は指定通り記入した後，再び電子メールで返信する．

インターネット調査法の利点

インターネット調査法の利点は何といっても調査費用の安さである．通常の調査法は額の違いはあっても，調査対象者の数に比例してコストがかかるが，この調査では元になるホームページや電子メールの雛形さえ作れば，調査自体にはあまり費用はかからない．もちろんホームページを多くの目に触れるように工夫したり，適切な対象者のメールアドレスを用意する必要はある．

また調査員と調査対象者の距離はまったく問題にならないため，全国や，場合によっては全世界からの情報を得ることもできる．

インターネット調査法の欠点

インターネットや電子メールは普及したといっても，まだ利用は一部の人にとどまっている．特に年輩の人の利用率は少なく，調査結果も自ずと偏ったものになりかねない．また利用者の中でも，調査のホームページを覗くのは，アンケートが好きな人や頻繁にインターネットを利用する人に限られるだろう．しかもそのアンケート自体に興味がある人しか回答を送ってくれないであろうから，例えばテレビ局があるドラマの感想を調査する場合には，肯定的な意見が多くなってしまうことは事前に予想される．したがってそのような点を想定した調査票作りを行う必要がある．

3．2．7　集団面接法と集合調査法

これまで述べた調査法は個人や世帯などを対象にしたものであったが，それに対して数人ないし多数の人に調査会場に集合してもらい，調査を行う方法がある．**集団面接法**（group interview または group discussion）と**集合調査法**（group survey）である．

集団面接法は調査対象者を調査会場に集め，司会者が中心となって，市の環境問題のようなあるテーマについて意見を出してもらう方法で，ときには討議

を行うこともある．これに対して集合調査法も調査対象者を調査会場に集めるまでは同じであるが，その場で調査票を用いた通常の調査に回答してもらう．すなわち他の質問法を多くの人に同時に行う方法と考えてもよい．両方とも事前に調査の趣旨を郵便や電話で説明し，集合の日時を徹底しておく必要がある．

集団面接法と集合調査法の利点

どちらの方法とも調査対象者に会場に足を運んでもらえるため，大きな製品や映像を見たり，詳しい説明をしながら回答してもらうことが可能であるし，調査員の説明のばらつきによる回答への影響がない．また集団面接法では深い議論も可能で，その結果を臨機応変に生かして，事前に想定していなかった内容の質問を新たにすることもできる．

どちらの方法とも調査の手間が比較的かからず，短時間で終了することも可能となる．

集団面接法と集合調査法の欠点

どちらの方法とも多くの調査対象者から回答を得るのは難しい．特に短時間の調査のためだけに会場を設定するのは費用の面からメリットが少ないため，調査会社の会議室のような会場の確保が簡単な場合に限られるだろう．集団面接法ではメンバー構成によって意見の出方に差があることが考えられるため，どのような構成にするかを検討しなければならないし，司会者の雰囲気作りもまた重要である．

3．3　観察法の種類

前に述べたように観察法は調査対象者に質問をしない調査法の総称であるが，種類の区分は質問法のように明確でなく，細かな手法ごとに名前が付けられているものが多い．

しいて分類すれば，まず街のファッションや若者の行動様式を漠然と観察したり，店舗の出店場所の下見のように，調査の明確な目的のないウオッチングがあげられる．

次に，特定の道路における車両の交通量調査や街を行き交う人の通行量調査のような非実験型の観察法があげられる．これらの調査では調査員は単に量そのものを記録するだけでなく，車両であれば車種や，人であれば性別やおよその年齢なども観察することが多い．またこの観察法の代表的な例として，店内での客の動きを観察してそれを線で表す客動線調査があげられる．これは店に限定した方法ではなく，商店街や場合によっては市内全体での人の動きを調査する場合もあるが，広い範囲を調査員が尾行するとプライバシーの侵害につながるため注意が必要である．そのため調査範囲が広い場合には街頭面接法などの質問法に切り替えなければならない．

非実験型の観察法が調査対象者には何も影響を与えずに調査を行うのに対して，何らかの実験に調査対象者を参加させ，その様子などを観察する実験型の観察法がある．例えばスーパーマーケットで品揃えを代えながら客の反応を見たり，商品の陳列場所を変えながら売れ行きの違いを見る方法などが実験型の観察法にあたる．これらの調査では調査対象者は実験に参加していることを認識することはないが，数種類の飲料水の試飲などのように明らかに実験に参加していることを認識するような場合もある．しかしその多くは質問法が用いられるため，厳密な意味では観察法とは言えないであろう．

3．4　やや特殊な調査法

3．4．1　パネル調査

3．2節と3．3節で説明した方法は調査のベースとなるものであるが，その目的によってはもっと複雑な調査を設計したり，特殊な方法を用いなければならない場合がある．そのような調査法のうち典型的なものをいくつか説明していきたい．

まず**パネル調査**（panel survey）を紹介しよう．パネル調査とは，調査対象者を長期間にわたって固定し，調査を定期的に繰り返し行う方法で，その調査対象者は**パネル**（panel）と呼ばれる．調査の周期は毎週，毎月，四半期など多様であるが，調査内容は毎回ほとんど同じであるのが普通である．

この調査の利点として，まず調査対象者が固定されているため時系列的な変動がよくとらえられる点が上げられる．また調査の説明の手間が2回目以降は省け，調査対象者も慣れるため回答のミスが少なくなる．官庁が行う調査ではこれらの点を考慮してパネル調査が多い．その1つである家計調査の例を，この節の最後に示す．

しかしその一方でパネル自身に何らかの偏りがあった場合には，その影響をいつまでも引きずってしまう欠点もある．また時間の経過とともにパネルは老化するため，調査期間をあまり長くすると調査結果が加齢とともに変化してしまう恐れもある．

パネル調査としてやや特殊な存在はテレビの視聴率調査である．その具体的な内容は8．6節で説明するが，最大手のビデオリサーチ社では，オンラインメータと呼ばれる視聴率測定器をテレビに取り付け，1日分の視聴番組のデータを翌朝電話回線を通じて自動的にコンピュータに転送するようにしている．したがって周期は存在せず，常時パネル調査が行われていると考えることができる．この場合，パネル調査を行う理由の1つは測定器を固定できることで経費の節減が図れることである．

例 家計調査 (family income and expenditure survey)

家計調査は，農林漁業を営む世帯及び単身世帯を除く世帯を対象として，まさに家計簿そのままの家計収支の調査を，毎月約8000世帯に対して行っている．公表は個々の世帯の情報ではなく，1世帯当たり1ヶ月間の収支金額や品目別の購入数という形で行われている．

欧米では2．1．3節で紹介した，アメリカのセンサスの抽出データのように，個人や世帯が特定できないような秘匿措置を行った後に，個々の情報がそのまま並んだ**個票データ**（microdata）の形で一部または全体が公表されており，多くの研究に活用されている．しかし日本では官庁統計のデータについては未だにこのような形での公表がなされておらず，その実現が待たれているところである．

さて，家計調査の結果から，勤労者世帯の1999年の月別実収入と消費支出の

平均を図3.1に示そう．6月と12月にはボーナスによって収入が増加しているものの，不況の影響から支出が手控えられている様子が読みとれる．

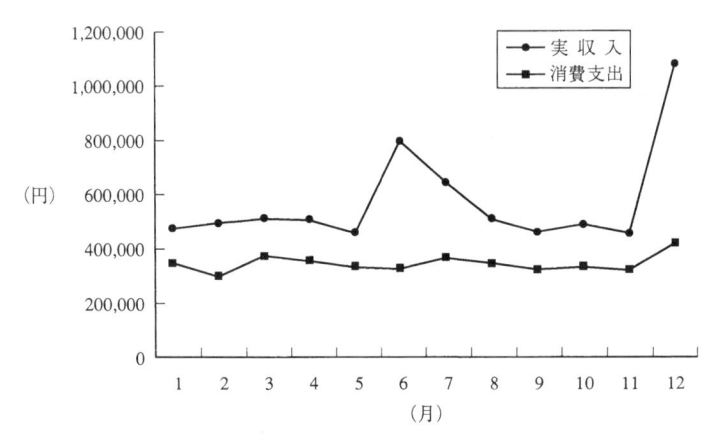

図3.1 勤労者世帯月別実収入と消費支出（1999年）

3．4．2 モニター調査

モニター調査（monitor survey）は同じ調査対象者に何回も調査する点ではパネル調査と同様であるが，その内容は必ずしも同じではなく，しかも調査の周期も一定ではない．例えばある製品を一定期間無料で使用してもらったり食品を試食してもらったりして，使い心地や印象などを折々答えてもらうものや，数ヶ月に1回程度の頻度で調査会場に集合してもらい，市政などについての意見を集団面接法によって集める方法などがある．

モニター調査では一定期間調査対象者に協力してもらう見返りに，謝礼を支払ったり，製品をプレゼントまたは貸与したりすることが多い．ただし乗用車を1年間無料で貸与したり，住宅を格安価格で販売する代わりにモニターとなることを条件づけているものは，モニターそのものを確保するよりも，乗用車や住宅に興味を持つ人の情報を集めるのが主な目的である場合が多い．またモニターに名を借りて最終的には健康器具や着物などの高価な製品を売り付ける悪徳商法も後を絶たず，この方法を行いにくくする原因にもなっている．モニ

ター調査をする場合には，最初に一連の調査について明確にしておくことが必要であろう．

3．4．3　継続調査

継続調査（continuous survey）は**継時的調査**（longitudinal survey）とも呼ばれ，一般には同一の調査対象者に対して同一の内容の調査を定期的に繰り返す方法で，パネル調査について継続性を強調した言い方と考えることもできる．

ただし，広い意味では必ずしも同じ調査対象者を調査し続ける場合だけでなく，調査対象者を毎回替えたり，定期的に調査対象者を入れ替えたり，1回目を大規模な調査にして2回目以降はその中の一部のみを調べる方法などもある．特に調査対象者の一部を計画的に入れ替える方法は**ローテーションサンプリング**（rotation sampling）と呼ばれ，官庁統計の労働力調査や先に述べた家計調査などで用いられている．労働力調査については後の例で説明する．

このような継時調査は一旦軌道に乗ってしまえばスムーズな調査が可能となり，仮に調査対象者を入れ替えたとしても，調査の費用をやや低く抑えることができるメリットがある．またその調査時点では必要性は感じられなくても，継続的に調査を行っていくうちに，離れた2時点の調査結果を比較したり，長期にわたる結果の変化を見ることが重要な意味を持ってくることがある．

例　労働力調査（labour force survey）

労働力調査は，日本の就業及び不就業の状態を明らかにすることを目的として行われており，調査対象者は15歳以上の人で，毎月約4万世帯の約10万人が調査されている．調査項目は年齢や性別，世帯主との続柄などの個人属性に関するもののほか，就業状態や1週間の就業時間，就業している産業や職業など，労働に関するもので占められている．毎月発表される完全失業率はこの調査の結果から推定されているものである．

図3.2に1999年の1月から12月における年齢10歳階級ごとの，1年前と比較した完全失業者数を示す．単位は万人である．この1年間は失業者数は概ね増加

していたものの，増加の度合いはやや緩やかになっていたことがわかる．

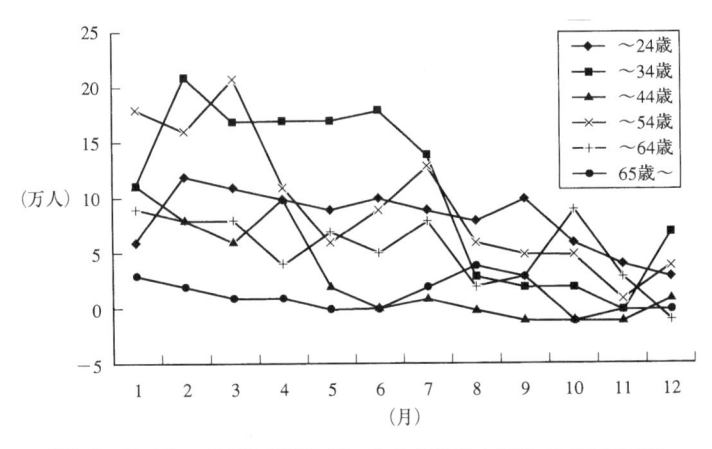

図3.2　1999年の月別年齢階級別の完全失業者の増減（対前年同月）

労働力調査では，先に説明したローテーションサンプリングが行われているが，それは次のようにやや複雑なものである．

表3.1　労働力調査のローテーションサンプリング

組	1月	2月	3月	4月	5月	6月	7月	8月	9月	10月	11月	12月
1	D1	D1	D2	D2	H1	H1	H2	H2	L1	L1	L2	L2
2	d1	d1	d2	d2	h1	h1	h2	h2	l1	l1	l2	l2
3	A2	E1	E1	E2	E2	I1	I1	I2	I2	M1	M1	M2
4	a2	e1	e1	e2	e2	i1	i1	i2	i2	m1	m1	m2
5	B2	B2	F1	F1	F2	F2	J1	J1	J2	J2	N1	N1
6	b2	b2	f1	f1	f2	f2	j1	j1	j2	j2	n1	n1
7	C1	C2	C2	G1	G1	G2	G2	K1	K1	K2	K2	O1
8	c1	c2	c2	g1	g1	g2	g2	k1	k1	k2	k2	o1

表3.1は1年間のローテーションのパターンを示したものであるが，調査される世帯は8つの組にほぼ同じ数ずつ分けられている．同じ記号は同じ世帯を表しているが，"D1"と"D2"のように後の数字が異なるものは，同じ小区画に含まれる異なる世帯を示している．またアルファベットの大文字は1年目，小文字は2年目の調査を表しており，例えば"D1"のようにアルファベットの大

文字で表された世帯は，次の年の同じ2ヶ月間再び調査される．また"d1"のようにアルファベットの小文字で表された世帯は，前年の同じ2ヶ月間に既に調査されている．

全体を眺めると毎月半分の世帯が入れ替わることがわかるが，変化を推定する場合にはこのように半分を入れ替えるのが最適であることが知られている．

3．4．4　オムニバス調査

専門の調査機関が複数の企業や調査依頼者を募集し，相乗りで行う調査を**オムニバス調査**（omnibus survey）という．オムニバスとは元々乗り合い馬車という意味で，調査機関が馬車，企業や調査依頼者が乗客に例えられる．単独で行うより費用が安く済むため，小さな企業でも多くの調査対象者に調査を行えたり，広い地域から情報を集めることが可能である．特に同種の企業や団体が相乗りした場合に効果的で，例えば受験産業の会社が多数の大学や短大を募って行う進学希望調査などはこの典型である．しかし依頼者が個々に希望する特別な調査は行えず，安かろう悪かろうとなることもあるため，相乗り数があまりに多かったり，異種の業種が集まるような調査への参加は望ましくない．

3．4．5　動機調査

一般の調査は調査対象者の実態や意見を集めるものがほとんどであるが，それ以外に製品購入の動機や，いくつかの製品の中からの選択理由のような**動機調査**（motivation research）がある．しかし「あなたはなぜこの乗用車を購入しましたか？」とか「あなたはなぜこのテーマパークに来ましたか？」と質問をしたとしても，調査対象者が動機を認識していない場合や，すぐには特定できない場合，更には本当の動機を明かしたくない場合もあり，実際の動機を聞き出すのは難しい．

このような目的の実現方法としては，まず3．2．7節で取り上げた**集団面接法**があげられる．集団面接法は調査対象者を調査会場に集め，司会者が中心となって意見を述べてもらう方法で，時間をかけて本音で答えてもらうことが可能である．この場合，司会者の役割が重要で，司会者は調査対象者が自発的

に本心を明かすように雰囲気作りをしなければならない．

また聞き出す動機が深層心理にある動機調査は**深層面接法**（depth interview）と呼ばれることもある．深層面接法では調査対象者は複数とは限らず，また調査の場所も多様である．

これ以外にも質問の仕方を工夫した**投影法**（projective technique）と呼ばれる動機調査がある．これは回答者を自分以外の人やものに投影させることによって回答しやすくして，深層心理を引き出そうとするものである．これらの方法では，素人は調査結果の解釈に苦しむ場合が多く，心理学のエキスパートの助けを得るべきである．

① 語句連想法

語句連想法（word association test）は商品，商標，キャッチコピーなどの印象や知名度などを測るために，特定の言葉から連想される名詞や形容詞を答えてもらう方法である．あらかじめ用意してある言葉から選んでもらう方法や，時間内に可能な限り答えてもらう方法，そして答えてもらった中で最初の言葉だけを記録する方法などがある．なお調査の目的をカムフラージュするために，多くの言葉の中に目的の言葉を混ぜておくような工夫も必要となる．

例えばグート社というドイツ語を用いた企業名について，「グート社という言葉から連想する言葉を可能な限り言ってください」という直接的な質問のほか，「ドイツといえば何を思い浮かべますか？」とか「"良い"という言葉に関連した企業名を思いつくままに言ってください」のような間接的な質問の仕方もある．

② 文章完成法

文章完成法（sentence completion test）は「大学と言うところは（　　　　　）である所だ」とか「（　　　　　）である人は頻繁に携帯電話を取り替える」のように文章の一部を空欄にしておき，調査対象者に文章を完成させる方法である．人間は不完全なものを完全にしたいという欲求を潜在的に持っていることが心理学の領域では知られており，文章完成法はその性質を利用するものである．

なお文章の構成の際には「私が外国製の乗用車を購入したのは（　　　　）のためである」という一人称を用いるよりも，「彼が…」とか「女性が…」のように三人称を用いて，自分を他人に投影した方が本音を引き出せる可能性が高い．このような方法が投影法の典型である．

③　略画法

略画法（cartoon completion）は**ピクチャー・フラストレーション・テスト**（picture-frustration test）とも呼ばれる簡単な絵を用いた方法である．通常2人の人物が描かれていて，一方の人が漫画のような吹き出しの中に，他方に対して心理的な葛藤やプレッシャーを与えるような問いかけを行う．そのときもう一方の人の吹き出し内に，思い浮かんだ文章などを書かせる方法である．

この場合，絵の中の人物は明らかに回答者本人ではないため，自分では回答しにくいような内容でも，この第三者の言葉を借りて回答してしまう可能性がある．

第4章　調査票の設計

4．1　調査票の意味とその構成

4．1．1　調査票の意味

　第3章で述べたように，調査のほとんどは調査対象者に何らかの質問をして回答してもらう質問法で行われる．質問法の中には郵送調査法や留置法，インターネット調査法のように回答者が質問項目が書かれている**調査票**（questionnaire）に直接記入する場合と，電話調査法のように調査員が調査内容を読み上げる場合があり，訪問面接法や街頭面接法ではそのどちらのケースもあるだろう．いずれにしても調査票を事前に完全な形に整えておく必要がある．ここでは口頭での調査の場合も含めて調査票という用語を用いることにする．なお調査票は俗に**調査用紙**とか**アンケート用紙**と呼ばれている．

　調査の良し悪しは調査票によって決まると言っても過言ではない．

　まず調査票は調査目的が具体化した形と言える．つまり調査の目的を実現するために必要となる質問項目がすべて納められていなければならないし，逆に不要な質問項目が含まれていてはならない．調査が終わった後に「あの項目を含めておけばよかった」とか「この部分はまったく必要がなかった」という反省は，調査の専門家が調査票を作成した場合にもしばしば起きることである．

　また調査票は回答の記入用紙を兼ねている場合も多いため，後の集計や解析をスムーズに行えるようにレイアウトしなければならない．例えば回答記入欄を右端に配置するなどの工夫が必要だろう．回答用紙が質問用紙と異なる調査票も見受けられるが，回答者にとっては繁雑な作業が要求されるため避けるべきだろう．

　更に調査票は，調査の企画者と調査対象者との情報交換の重要な道具でもある．調査には一般に調査員がいるが，調査員は回答者から調査票の質問に対す

る回答を得るのが主な役割であって，調査そのものは調査票のできに負うところが大きい．回答者は調査そのものの印象を調査票と調査員からしか得られないため，調査に協力したくなるような，回答者に対する配慮が感じられるものでなければならない．

4．1．2　調査票の体裁と構成内容

　原則的に調査票はあまり大きくなく，冊子の場合は薄い方がよい．扱いやすさとともに回答者に与える影響も考えなければならないだろう．大きさはA4判やB5判程度が多いが，調査内容が少ないときにはA5判やB6判も用いられる．質問項目がきれいに納まる場合にはB4判やそれよりやや大きいものでもやむを得ないが，それらは郵送調査法などのように回答者が机上で記入できる場合に限られる．また冊子にする場合には質問項目が複数のページに分かれることのディメリットを考慮して，大きさとページ数を総合的に決めなければならない．なお訪問面接法などでも面接時間はせいぜい30分以内にするべきで，電話調査法や街頭面接法では数分が限度であるため，その範囲内で終了できる質問数にしなければならない．

　また字の大きさにも気を配る必要がある．特に高齢者などに回答してもらう可能性がある場合には，普通の書籍に用いられている程度あるいはそれよりやや大きめの字を用いるべきである．一般には，使用する文字の大きさと，調査票の大きさやページ数との関係を考え合わせて決定しなければならない．

　調査票は次のような要素によって構成される．

① 　調査名
　まずどのような調査であるかを明記する．

② 　あいさつと調査の趣旨
　調査は回答者にとってはあまりメリットのない作業なので，丁寧なあいさつ文によって，よい第一印象を持ってもらわなければならない．あいさつ文は短ければ調査票の上部に配置してもよいが，別紙を用意してもよい．その中では，調査を行う者である**調査主体**（fieldwork conductor）を明確にし，調査の目的

を説明する．特に教育や研究の目的であったり，回答者に情報が還元される場合には協力が得られやすいので，その点を強調する．

また調査に協力してもらった場合に粗品などをプレゼントする場合には，最初にその旨を記載しておく方がよい．このようなお礼は回収率を大きく上げる効果がある．例えば大手の市場調査会社の調査ではボールペンやテレフォンカードなどが用いられており，日本最大手のテーマパークでは特製の絵はがきなどをプレゼントしている．

更に，調査結果は調査の目的以外には使用しないことを説明し，秘密の厳守を約束する．最近はプライバシーに対する目が厳しくなっており，調査結果が流出してしまうと信頼が失われ，それ以後の調査での協力が得られなくなってしまうため，調査後の情報の管理にも留意しなければならない．

③　記入上の注意

調査票に広く共通の記入法があれば，質問項目の前に説明をしてしまった方がよい．非常に誤解しやすい質問項目がある場合にも，事前に説明しておけばよい．また質問項目の流れを簡単に説明しておけば，途中の記入漏れなどを防ぐことができる．

④　フェイスシート

年齢や性別のように調査の目的ではないものの，回答者の属性に関する質問をまとめた部分を**フェイスシート**（face sheet）と呼ぶ．アメリカの初期の調査で，調査票の最初のページをこの質問に用いていたためこの名が付けられたと思われる．

調査結果を分析する際に，男女や年齢別に集計を行い，その結果を比較したい場合が多く，どのようなフェイスシートを用いるかは分析の方法を見据えて決定されなければならない．また回収した調査票で男女の比率が半々から大きくずれたり，一般の年齢階級別人口比から大きくずれた場合には，調査結果を補正することも可能となる．

フェイスシートは回答しやすいため調査項目の最初に置く場合が多いが，年齢でさえも答えにくい人のいることが予想されれば，フェイスシートの一部を

調査票の後半に配置すればよい．

⑤　質問項目

調査票の中心となる部分であり，その説明は次節以降で詳しく行う．

⑥　協力に対するお礼

最後は調査への協力に対するお礼を簡単に述べる．その文章は数行程度で十分で，別紙にするべきではない．

⑦　その他

上記の要素以外に，調査票の通し番号や調査地点，調査年月日，時間を記入する欄や，調査完了や記入漏れのないことを確認する際のチェック欄を設ける必要のある場合も多い．また複数の調査員がいる場合には調査員の氏名を記入する欄も必要となろう．

4．2　調査票作成上の注意点

4．2．1　質問項目の順序と構成に関する注意点

質問項目を並べる場合には，調査対象者である回答者に正確に答えてもらうように注意を払う必要がある．ここでは主に質問項目の順序に関する注意事項を述べていく．

①　調査項目は導入的な質問から始める

調査自体に抵抗感をなくすために，"性別"のように思考を必要としない項目から並べるのが一般的である．そのためフェイスシートを最初に配置することが多い．また調査に本質的な関係がなくても，「…というドラマを見ましたか？」というように興味を持ってもらうような質問を最初に置くことも多い．

②　主要項目のうち回答形式が比較的簡単なものを前半に置く

導入的な質問で回答者の気分がほぐれると思われるところに主要な質問項目を配置する．調査項目の量が多い場合には，回答者が疲れてくる前に主要項目

を調査し終わらなければならない．ただし4．3節で述べるように，回答形式の中には回答者に大きな負担をかけるものもある．そのような質問項目を前半に配置してしまえば，調査を拒否されてしまったり，それ以後の回答が不正確になる可能性があるため，できる限り簡単に回答できるものを前半に置くべきである．

③　主要項目のうち回答に労力が必要とされるものを後半に置く

特に長々と文章を書かせるような質問は後半に置くべきであるが，その中で極めて重要な質問がある場合には，前半部分に配置することもやむを得ない．その場合には調査票全体から受ける印象を考慮して，回答者の意欲を削がないようにレイアウトを工夫しなければならない．

④　補助的な質問項目は最後に近い部分に配置する

質問項目の中には重要度の低いものもあるのが一般的である．例えばプロサッカーのＪリーグについて調査する目的で調査票を作成する際に，外国のプロサッカーリーグについての質問や，比較のためにプロ野球についての質問をしたくなることがある．その場合，重要な質問と組み合わせて質問した方が理解しやすい場合には，質問を前半に配置することもやむを得ないが，通常は最後に置く方がよい．もし回答者が疲れ，この部分の回答がやや曖昧になったとしても，本質的な質問項目については正確な情報が得られるようにすべきであろう．

⑤　回答に抵抗感のある質問やプライバシーに関わる質問の項目は最後に配置する

仮に調査上重要な項目であっても，"年収"や"病歴"のように他人に口外したくないと思われる質問は，調査票の最後に置くのが望ましい．このような質問は回答自体を拒否される要因にもなるため前半に置くのは避けるべきである．ただプライバシーという概念は状況に応じて考えなければならず，例えば"年齢"や"子供の数"などでも場合によってはプライバシーの侵害につながることもあり，注意が必要である．

⑥　関連質問はまとめ，連続的に回答できるように配置する

あるテーマに関連した質問を飛び飛びに配置してしまうと，その都度説明が必要となり，回答者もその都度考えなければならないため効率が悪い．関連質問はまとめるのが原則である．可能であれば回答形式も同じタイプが連続した方がよいが，無理であれば回答形式に規則性を持たせて，回答者がリズムに乗って答えられるようにするべきである．

また「あなたは最近1ヶ月間にワインを飲みましたか？」という質問で"はい"と答えた場合だけに更に質問をしたい場合があるが，その場合は次の例のようにレイアウトを工夫して流れがわかるようにし，"いいえ"と答えた場合にも次に答えるべき質問がどこにあるかがはっきりわかるようにするべきである．このように次の質問をする対象を特定するための質問を**濾過質問**（filter question）と呼ぶ．

例

Q10　最近1ヶ月間にワインを飲みましたか？
　1．はい　　（Q10-1へ）
　2．いいえ　（Q11へ）

Q10-1 最も最近飲んだワインはどこの国で生産されたものですか？
　1．フランス　　　　　　　7．オーストラリア
　2．イタリア　　　　　　　8．チリ
　3．ドイツ　　　　　　　　9．日本
　4．スペイン　　　　　　10．その他の国
　5．上記以外のヨーロッパ諸国　11．わからない
　6．アメリカ

Q11　最近1ヶ月間にビールを飲みましたか？
　　　　　　　⋮

⑦　質問の前後関係に注意する

同じ質問でも，並べる順番によって回答に影響を与えることがある．

例 国会の与党 A 党で閣僚を務める若手代議士 S 氏が，最近問題となる発言をしたとしよう．このとき次のように質問の順番を設定したらどうだろう．

> Q7　S 氏の「…」という発言は問題だと思いますか？
>   1．問題だと思う
>   2．問題だとは思わない
>   3．どちらとも言えない・わからない
>
> Q8　若手議員を閣僚とすることについてどう思いますか？
>   1．賛成
>   2．反対
>   3．どちらとも言えない・わからない
>
> Q9　あなたは A 党を支持しますか？
>   1．支持する
>   2．支持しない
>   3．どちらとも言えない・わからない

このように質問の順序を配置すると，前の質問が次々に後の質問に影響してしまうことが想像できるだろう．この場合には質問の順番をまったく逆にすることでほぼ解決する．ただし郵送調査法や留置法などでは，回答者が質問に答えた後で調査票を逆戻りして訂正してしまう可能性があり，他の回答に大きな影響を与える質問の配置には十分注意が必要である．これは極端な例ではあるが，これに類似した関係は影響の大小はあってもほとんどの調査票に存在する．

4.2.2　質問項目の順序以外の注意点

調査票を作成するにあたっては，質問の配置以外にも注意すべき点が多くある．

① 誰でも理解できる用語を用いる

質問に使用する用語は誰でも理解できるものでなければならない．専門用語や知識を持っている人だけが理解できるような用語の使用は避けるべきである．

もし回答者の知識の有無が不明の場合には補足説明を付けるべきであろう．例えば「調査のマイクロデータに秘匿措置を施した後に公開することをどう思いますか？」という質問は「調査における個人の回答がそのまま並べられたマイクロデータに，個人を特定できないような秘匿措置を施して，その後公開することをどう思いますか？」という文章にするべきであろう．

② 抽象的な用語はできるだけ用いないようにする

抽象的な用語や複数の意味を持つような用語を使用すると，回答者個々で受け取る意味が異なり，それが回答に大きく影響することが考えられる．例えば"環境問題"，"芸能界"，"車社会"などの用語はやや漠然としたイメージであり，さらに特定化した用語に置き換えるべきである．

③ 文章は簡潔にする

回答者の負担を軽減するために文章は単純明快にするべきである．また必ずしも完全な文章でなくてもよく，回答者に誤解を与えない程度にスリム化すべきであろう．例えば「あなたは…」と何度も繰り返す必要はないし，共通部分の多い質問が続く場合には2問目以降のその部分を省略することも可能であろう．

④ 2つ以上の次元が混在する質問をしてはいけない

例えば「あなたの会社で残業や休日出勤をすることに賛成ですか？」という質問では，残業に対する賛否と休日出勤に対する賛否が同時に問われている．一方に賛成で他方に反対の場合もあり回答者は困惑してしまう．これは2つの質問に分けることでも解決することができる．

⑤ 特定のイメージを連想させるステレオタイプな言葉の使用を避けるべきである

例えば「大物政治家がたびたび政治集会を開くことをどう思いますか？」の"大物政治家"のように，人が固定観念で特定のイメージを思い浮かべるような言葉をステレオタイプな言葉と言うが，そのような言葉を用いた質問は避けるべきである．

⑥ 回答者の記憶に頼るような質問は避けるべきである

例えば「最近1週間に何時間テレビをみましたか？」とか「これまで何社の牛乳を飲んだことがありますか？」のように，回答者の記憶に頼る質問はできる限り避けるべきである．期間を1週間から短縮することや，牛乳のメーカー名を明示することが可能であれば，そうするべきであろう．もし不可能であれば，集計や分析の際にこの点を特に注意することが必要となる．

4．3　回答形式

調査では回答形式の設計の仕方の良し悪しで，回答拒否が多くなったり，場合によっては回答の内容そのものも異なってしまうことがある．調査主体は調査対象者である回答者に対して，気持ちよく，しかも本音で答えてもらえるように，適切な回答形式を組み合わせなければならない．

回答形式は，回答者が各自の考えで回答できる**自由回答法**（open answer または free answer）と，回答を選択してもらったり数字を記入してもらったりする方法とに大別される．調査は回答者にとってはメリットの少ないものであるから負担が少ないほどよいことは当然である．自由回答法を多用すると無回答が多くなり，調査そのものの意味がなくなりかねない．これはそれ以外の方法の中から回答形式を選ぶ場合にも言えることで，同じ情報が得られるのであれば回答のしやすい形式を選ぶべきであろう．しかし一方で，自由回答法は回答を制限しないために思いもよらない情報が得られる可能性もあり，その使い分けは慎重に行う必要がある．

この節では主な回答形式を紹介するとともに，その長所と短所を考えていくことにしよう．

二項選択法（two-way answer または dichotomous choice）

二項選択法は2つの選択肢のどちらかを選ばせる方法の総称で，**賛否法**(yes-no answer）とも呼ばれる．

例

表4.1　二項選択法の例

```
質問　あなたは北海道に旅行に行ったことがありますか？
　　　1．ある　　2．ない

質問　今旅行するとしたら，小樽と函館のどちらに行きたいですか？
　　　1．小樽　　2．函館
```

　例のように2つの項目のどちらかに○印を付けさせたり，その番号を記入させたりする形式のほか，○×を付けさせる形式も二項選択法に含まれる．

　二項選択法の長所としては，最も回答の簡単な形式であるため，回答者にかける負担の少ない点があげられる．そのため電話調査などの口頭での調査にも向いている．また集計も簡単である．しかし選択した側をどの程度支持しているかはわからず，例えば小樽にも函館にも行きたくないのに，いずれかを選んでいる回答者のいる可能性もあることを考慮に入れなければならない．

多項選択法（multiple answer または multidichotomous choice）

例

表4.2　多項選択法の例

```
質問　過去5年以内に観光などで訪れた北海道の湖があれば，いくつでも
　　　結構ですから○印を付けてください．
　　　1．サロマ湖　2．能取湖　3．摩周湖　　4．屈斜路湖　5．阿寒湖
　　　6．然別湖　　7．糠平湖　8．クッチャロ湖　9．支笏湖　10．洞爺湖

質問　将来訪れてみたい北海道の湖があれば，いくつでも結構ですから
　　　○印を付けてください．
　　　1．サロマ湖　2．能取湖　3．摩周湖　　4．屈斜路湖　5．阿寒湖
　　　6．然別湖　　7．糠平湖　8．クッチャロ湖　9．支笏湖　10．洞爺湖
```

　多項選択法は上の例のように，3つ以上の項目から回答者の好きな数だけ選

択する方法である．項目の数に制限がないため適用範囲は広いが，実際に行った湖を記入し忘れる比率をある程度考慮に入れなければならない．また質問の性質によっては集計時に注意が必要となることがある．例の前半の質問では回答者のミスがない限り正確な情報が得られるが，後半の質問では回答者の考え方などによって選ぶ項目の数に差ができてしまう．例えば回答者が5項目に○印を付けた場合と，1項目にしか○印を付けない場合に，それらの○印をどの程度の比重で集計するかは結果を左右する大きな問題となるだろう．

制限選択法（limited answer）

例

表4.3　制限選択法の例

質問　将来訪れてみたい北海道の湖があれば，最高3つまで○印を付けてください．
1．サロマ湖　2．能取湖　3．摩周湖　　4．屈斜路湖　5．阿寒湖
6．然別湖　7．糠平湖　8．クッチャロ湖　9．支笏湖　10．洞爺湖

多項選択法の欠点を修正したのが制限選択法で，例のように選択できる項目数に上限を設ける方法である．このような制限を置くことによって，各回答者が選択した項目の重みをある程度揃えることが可能となる利点がある．しかし"3つまで"の解釈は回答者個々で異なり，行きたい湖が1つしかない場合，さほど行きたくない湖を含めて3つを選択してしまう回答者や，1つのみを選ぶ回答者がいることを想定しなければならない．調査の目的によっては，はっきり"3つ"とか"1つ"とした方が望ましいこともあるだろう．1つだけを選ばせる方法を特に**単一選択法**（single answer）と呼ぶ．

順位法（ranking method）

多項選択法や制限選択法に共通の欠点を上で述べたが，それに加えて，ある回答者によって選択された複数の項目の強弱が調査主体には伝わってこないこ

ともあげられる．つまり◯印を付けた中でも，特に行きたい湖や，どちらかといえば行きたいという程度の湖もあるだろうが，これが回答には表現できないということである．この欠点を改良したのが順位付けをしてもらう方法である．

例

表4.4 順位法の例

質問　札幌市で定番となっている下記の観光名所の中で，最も行ってみたい順に1から12の番号を[　]内に付けてください．
[　]旧北海道庁　　　[　]北大植物園　　　[　]時計台
[　]大通公園　　　　[　]藻岩山　　　　　[　]羊ヶ丘展望台
[　]北海道開拓の村　[　]野幌森林公園　　[　]すすきの
[　]サッポロビール園[　]大倉山ジャンプ台[　]北海道大学

質問　札幌市で定番となっている下記の観光名所の中で，最も行ってみたい所を3つ選び，1から3の番号を[　]内に付けてください．
[　]旧北海道庁　　　[　]北大植物園　　　[　]時計台
[　]大通公園　　　　[　]藻岩山　　　　　[　]羊ヶ丘展望台
[　]北海道開拓の村　[　]野幌森林公園　　[　]すすきの
[　]サッポロビール園[　]大倉山ジャンプ台[　]北海道大学

しかし，この例の前半のようにすべての項目に順位を付けさせた場合，下位の順位づけが不正確になる恐れがある．つまり回答者が1番行きたい所をはっきりと認識していても，10番目に行きたい所となると正確に自己分析することは困難であろう．そこで例の後半のように，順位の前半の場所のみを選ばせた方が不正確な情報を排除する上でよい場合もある．また，回答者が行きたくない観光名所をはっきり認識していると思われる場合には，例えば1〜3番と10〜12番のように順位の前半と後半部分を付けさせることも可能である．

一対比較法（paired comparison method）

　順位法で順位の前半，または前半と後半のみを付けさせる方法があることを紹介したが，場合によっては中間部分についても正確に情報を得たい場合があ

る．しかしすべてに順位を付ける順位法では回答者は全体を見回しながら数字を記入していくため，どうしても曖昧になりかねない．そこですべての項目をペアで並べ，1つずつどちらかを選択させれば，集計によって各回答者の順位を得ることが可能となる．

例

表4.5　一対比較法の例

質問　次にあげる北海道の主な湿原や原野などの2つずつの組み合わせのうちで，行ってみたい方の番号を[　]内に記入してください．
1．サロベツ原生花園　　2．ベニヤ原生花園　　　　[　]
1．サロベツ原生花園　　2．小清水原生花園　　　　[　]
1．サロベツ原生花園　　2．霧多布湿原　　　　　　[　]
1．サロベツ原生花園　　2．釧路湿原　　　　　　　[　]
1．ベニヤ原生花園　　　2．小清水原生花園　　　　[　]
1．ベニヤ原生花園　　　2．霧多布湿原　　　　　　[　]
1．ベニヤ原生花園　　　2．釧路湿原　　　　　　　[　]
1．小清水原生花園　　　2．霧多布湿原　　　　　　[　]
1．小清水原生花園　　　2．釧路湿原　　　　　　　[　]
1．霧多布湿原　　　　　2．釧路湿原　　　　　　　[　]

この方法の長所はきめ細かい情報が得られる点であるが，回答者に大きな負担をかけることにもなる．上の例は5つの比較であるが，項目数をnとすると比較の回数は${}_nC_2=\dfrac{n(n-1)}{2}$となるため，項目数が増加すると比較の回数はほぼその2乗に比例して大きくなる．例えば順位法の例であげた札幌市の12ヶ所の観光名所を一対比較すると，比較の回数は66回にもなってしまう．

尺度法（rating methodまたはscoring method）

順位法が多くのものに順位を付けさせる方法なのに対して，尺度法は1つずつのものに対して，ある判断基準を用いて1次元的な尺度のあてはまる段階を選ばせるもので，3段階や5段階が多く用いられる．

例

表4.6　尺度法の例

質問	次にあげる北海道の特産品について好き嫌いを5段階で答えてください． 1.好き　2.やや好き　3.どちらとも言えない　4.やや嫌い　5.嫌い

うに	1	2	3	4	5
いか	1	2	3	4	5
蟹	1	2	3	4	5
ほっけ	1	2	3	4	5
牡蠣	1	2	3	4	5
鮭	1	2	3	4	5

　尺度法はきめ細かい情報が得られ，多変量解析法などの単純集計以外の解析法を適用することも可能である．しかし回答者ごとに各段階に対する認識が異なってしまう危険もあり，判断基準をできる限り共通にするための説明が必要となる．またそれを防ぐために，段階の数は必要最小限にとどめるべきであろう．

自由回答法（open answer または free answer）
　この節の最初に述べたように，自由回答法は回答を制限しないために回答者が先入観なしに記入でき，意外な回答が得られる長所がある反面，回答者には過度の負担をかける恐れがある．単に回答形式の設計の手を抜くために自由回答法にすることは絶対に行うべきでない．必要最小限の質問を調査票のできるだけ後半に置くことが望ましい．

例

表4.7 自由回答法の例

質問　札幌新千歳空港を始点・終点とする観光コースをあなたが企画するとしたら，どのようなコースにしますか．自由にお書きください．
　　　例　新千歳空港 → 帯広 → 池田 → 富良野 → 小樽 → 札幌 → 新千歳空港

質問　北海道の観光についてご希望があれば何でも結構ですので，ご自由にお書きください．

第5章　調査の手順

5．1　調査の流れ

　調査を企画する際には，今すぐにでも情報が必要な場合が多い．しかし調査終了後に調査の項目の不足や，調査方法の失敗を悔やむことは稀なこととは言えない．しっかりと検討を行って実施した調査でさえもそのようなことは起こり得るが，失敗の原因の多くは調査の目的の確認が不十分だったり，調査の企画にあまり時間と労力をかけなかったことである．調査はかなりの労力と，場合によってはかなりの費用が必要となるため，そのようなことが起こらないようにしたいものである．

　この章では調査の手順について説明するが，まず調査の一連の流れを見てみよう．調査の種類や内容によっても多少異なるが，調査は概ね次のような流れで行われる．

Ⅰ．**調査目標の特定**
　① 調査目標の明確化
　② 予備的な分析
　③ 調査課題の特定
　④ 仮説の設定

Ⅱ．**調査方法の決定**
　① 調査手順と日程の決定
　② 母集団の規定
　③ 調査方法の決定
　④ サンプリング方法の決定
　⑤ 費用の見積もり

III．調査内容の決定
  ① 調査事項の決定
  ② 調査票の設計
  ③ 報告内容の検討

IV．調査の実施
  ① 調査員の手配と教育
  ② 調査票の作成
  ③ 調査対象者のサンプリング
  ④ 実査

V．集計と分析
  ① 調査票の点検とコーディング
  ② データ入力
  ③ 集計と計算
  ④ 統計解析

VI．報告
  ① 報告書作成
  ② 報告
  ③ 追加的作業

次の節からステップごとに説明を行うが，本書の内容は全体としてこの流れ全体を説明しているため，他の章で詳しく論じているものについてはその章や節を示すにとどめることにする．

5．2　調査目標の特定

調査の目的がないまま調査を行うようなことは滅多にないが，曖昧なまま調査が進んでしまうことは少なくない．そのような場合どこの手順かで引き返しを余儀なくされたり，最悪の場合，そのまま調査が終わってしまって結果が何

の役にも立たないものになってしまう恐れもある．そのため調査の最初のステップとして調査の目的を明確にする必要がある．調査の目的を持つ人と調査主体が異なるときには，この点は特に重要である．その場合には目的をイメージとして持つのではなく，具体的に文書に表現しておく必要がある．

　次に予備的な分析を行うことになる．調査の目的に沿った情報の一部は既に別の調査などで得られていることがあるかも知れない．また既存の情報を活かせば，調査内容やサンプリング法などを工夫できるかも知れない．更に既存の情報に合わせて調査を行えば，その結果の比較が重要な意味を持つかも知れない．そのような情報を可能な限り探すことは時間と経費の節減に貢献するだけでなく，調査の質の向上にもつながる．以前はそのような情報は報告書など限られたものからしか得られなかったが，インターネットが普及したことによって意外な情報も得られるようになってきた．

　調査の目的と既存の情報を考え合わせ，調査では何が必要となるかを考えるのが次のステップである．このとき，事前調査と呼ばれる小規模の調査を行うことがしばしばある．このような作業は調査の進行を遅らせ，若干の経費を必要とするディメリットがあるが，調査の目的がより明確になったり，調査の方法の不備が発見できたり，新たな調査課題が浮かび上がってきたりとメリットも多い．このような調査は，実際の調査の直前に行われることもある．

　このような手順と前後して仮説と呼ばれるものを想定することもある．例えば「AというコーラはBよりもうまい」という仮説を立て，調査はそれを裏付けたり，それを否定したりする材料として使おうというのである．仮説を立てることは調査の目的をより一層明確にする効果があるが，固定観念にとらわれやすくなるので注意したい．なお仮説の検証については第9章の**検定** (test) の説明を参照してほしい．

5．3　調査方法の決定

　調査の目的がはっきりと確認されたならば，調査の手順とそれぞれのステップに要する日数などを計画することになる．

調査日数といえば実査にかかる日数がすぐ頭に浮かぶが，むしろそれまでの準備や，調査後の集計や分析の方に多くの日数がかかるため，余裕のある日程を組むようにしたい．また実査にかかる日数は調査方法に大きく関わっており，特に郵送調査法では1ヶ月程度の期間をとるのが普通である．また調査は事前の予定通りには運ばないのが普通で，郵送調査法では回収率が低く何度も督促をしなければならなかったり，面接法でも不在である世帯への2度目3度目の訪問に日数をとられたりすることがある．そのような状況も想定したスケジュールを組みたいものである．

　また**母集団**(population)の規定が必要である．母集団については6．1節で説明するが，興味の対象となる元の全体の集団のことをいい，そこから選ばれて実際に調査された集団を**標本**（sample）という．母集団が有権者であったとしても，それが全国の有権者か，小選挙区か，または投票区かでは調査の方法はまったく違うであろう．全国をターゲットにするならば街頭面接法を行うことはないはずである．母集団が規定されたら，その抽出単位のリストまたはそれに相当するものを用意しなければならない．そのようなものは**枠**(frame)と呼ばれる．

　次に調査方法を決める必要があるが，これは調査の日程や母集団の規定と相互に絡み合うもので，単独で決定されるものではない．調査方法については第3章で詳しく述べたので，そちらを参照していただきたい．

　また**標本抽出**（sampling）または英語のままに**サンプリング**と呼ばれる母集団からの標本のとり方を決定することになるが，その詳細は第6章を参照してほしい．またやや複雑なサンプリング法ついては，10．2節で説明している．

　このようなことを総合的に把握して調査の費用を見積もる必要がある．企画者が単独で行う小規模な調査の場合には，労力を除けば経費としては調査票の印刷またはコピー代と若干の通信費や交通費で済むかも知れないが，中規模以上の調査や，複数の人間や団体が絡む調査の場合には，初めに調査費用を明確にしておくべきである．

　調査費用としては，企画，実査，集計，分析それぞれの人件費がまずあげられる．特に質の高い調査員や統計のスペシャリストを確保するためにはかなり

の予算が必要となる．また企画書，調査票，報告書の印刷代や，消耗品代も無視できない．場合によっては集計や分析に用いるためにコンピュータやソフトウェアの購入も考えなければいけない．

　もし費用の見積もりが予算を超えるようであれば，調査の流れを見直さなければならない．

5．4　調査内容の決定

　調査内容は調査の方法と並行して考えられることが多いが，内容としてはまず調査事項を決定することになる．これは調査の目的に沿って，しかも既存資料にはない事項が選ばれることになる．調査後に調査の項目の不備を嘆く場合が多いため，ここではあらゆる場合を想定して事項を考えるところからスタートすべきであろう．そうすると一般には内容が過剰になりすぎるため，調査の目的が達成する範囲内で余分なものを削っていけばよい．

　調査事項が明確になれば，それを実現するような調査票を作成する．調査票の作成については第4章で詳しく述べたので，そちらを見ていただきたい．

　調査票の全体像が浮かび上がれば，調査費用の見積もりが変わってくる可能性もあり，調査全体の流れを変えなければならないこともあるだろう．特に調査項目の分量の増加は，調査票の印刷代だけでなく，実査そのもののコストを高くし，入力や集計の時間を増加させることに注意したい．

　また実際に調査が始まる前に調査報告書のイメージを考えたい．もちろん調査結果によって報告書の形態自体が変更される可能性はあるが，このようなことを行うことによって調査内容の漏れなどをチェックすることができる．

5．5　調査の実施

　調査方法と調査内容が固まればいよいよ調査を実施することになるが，その前に調査員を確保しなければならない．市場調査会社のように常時，または定期的に調査員を雇っていることは稀で，通常は素人の調査員を確保せざるを得

ない．したがって，調査方法そのものだけではなく，調査全体の流れや想定されるトラブルの対処法などについて教育をしなければならないだろう．ここで問題となるのは調査員の質の違いである．調査員の態度や礼儀，言葉遣いの違いによって回答の内容が変わってしまう可能性があるため，できるだけ均質にするように心がける必要がある．

これと前後して調査票を印刷することになる．前の章でも述べたが調査票は調査員と並んで調査の顔であるから，内容もさることながら体裁もしっかりと整えたい．

更にこれらと前後して調査対象者を母集団から実際にサンプリングする作業がある．街頭面接法のようにある程度調査員に任せられる場合もあるが，多くの場合は企画者サイドで行うことになる．その方法については第6章に詳しく述べているので，そちらを参考にしてほしい．

これらの準備が整えば第3章で述べたような実査を行うことになる．

5．6　集計と分析

調査票の回収が終了すれば，迅速に集計と解析を行うことになるが，その前に検票と呼ばれる調査票とその回答内容のチェックを行わなければいけない．回収できていない調査票については再訪問を行ったり督促を行って，できるだけ回収率を上げるように努力する．また調査票の回答に記入漏れや矛盾がある場合には，その際に再調査を行う．

最近の集計は，ごく小規模の調査を除いてコンピュータで行うのが普通である．市販の集計専用ソフトウェアを利用したり，オフィスコンピュータでは調査ごとにプログラムをソフトウェア会社に依頼することも多いが，最近はExcelやLotusのような表計算ソフトも充実しており，比較的に低料金で購入できる．例えばExcelでは調査項目があまり多くなければ5万人分以上の入力・分析が行える．

いずれにしても入力の際には回答を数字で置き換えるのが普通であるが，そのような作業を**コーディング**（coding）と呼ぶ．この作業に手間取らないため

には，調査票作成時に，楽にコーディングができるように質問項目を作成したり，レイアウトを工夫したりしなければならないだろう．

　集計については２．１節を，代表値の計算については２．２節を見ていただきたいが，回答が質的なデータか量的なデータかによって集計方法はほぼ決まるだろう．質的データであれば各分類の比率を，連続データであれば度数分布を経由して，平均値などを計算することになろう．場合によっては２つ以上の項目を用いて９．５．３節で説明する**分割表**（contingency table）を作成することも重要であろう．

　集計と計算が終われば，次は統計的な解析を行いたい．解析には代表値の計算のほかに２．３節で説明した散布度や２．５節の回帰と相関のような記述統計と呼ばれるものがある．また第11章で紹介するような３つ以上の変数を同時に扱う**多変量解析**（multivariate analysis）があるが，専門的な解析には統計ソフトが必要となる．ソフトウェアにはSASやSPSSのように従来から用いられてきたものに加えて，Halwinのような比較的新しいソフトウェアも有効である．またインターネットを通じて無償でダウンロードできるいわゆるフリーソフトウェアの中にもJ-statのように利用しやすいものもある．ただしこれらの解析法はあくまでも得られたデータについての性質を導くもので，母集団全体を調査していない場合にはターゲットがずれてしまう可能性がある．

　そこで標本から得られたデータについては，第８章で述べる**推定**（estimation）や第９章で述べる**検定**（test）を用いるのが普通である．推定とは誤差を考慮して母集団の実際の値を推測するもので，検定とは仮説の真偽をデータから判断する方法である．質の悪い調査結果では一般にこの部分が欠けている．逆に推定や検定がしっかり行われているかどうかが調査の良し悪しを測る指標にもなっている．

　なお複雑なサンプリング法の場合の推定については第10章も参照していただきたい．

5．7　報告

　個人的な調査を除けば調査は報告で締めくくられる場合が多い．報告書は単に集計結果や解析結果だけでなく，調査手順や調査の方法も含めた総合的なものに仕上げる必要がある．

　特に調査主体が第三者から調査を依頼されている場合には報告書の比重は大きい．そのような場合，依頼者は調査主体よりもその分野の知識は豊富でも，調査や分析に関しては素人である場合が多い．したがって単なる集計や解析結果の羅列ではなく，その解釈や，結果を元にした詳しい説明などが必要となる．調査を依頼されていない場合にも，第三者に調査結果を公表する場合には同じことが言える．

　なお報告書には，調査主体の不利になることもあえて書かなければならないことがある．調査には費用や時間に制限があり，必ずしも満足できるように実行できない場合もある．また調査には種々の誤差も存在し，期待するような結果がいつも得られるとは限らない．そのような場合，調査主体はその点を隠したいと思うかも知れないが，一旦そのような操作が明るみに出ると調査全体の信頼を失いかねない．逆に弱点を堂々と公表しているのは信頼できる調査の証と言えるだろう．

　通常は報告書を提出する際に口頭での説明や報告会が行われ，調査は終了する．報告会では調査結果のすべてを報告できないので，主要な点について視覚的な説明をする方がよいだろう．依頼者がいる場合にはこの後のフォローアップも大切である．

　このような手順はあくまでも典型的な例であって，ケースバイケースで対応しなければならないことや，スキップできることもある．

第6章　標本調査とサンプリング法

6．1　標本調査法と全数調査法

　調査を行うときには，どのような集団について情報を得たいのかを明確にする必要がある．例えば街角で街頭面接法を行おうと考えた場合，興味の対象はその県に住む人たちなのか，その街に住む人たちなのか，またはもっと小さい集団なのかをはっきりさせておかなければならない．もし元の全体の集団の意見がその調査に十分反映されないようならば，調査の方法を変える必要もあろう．そのような興味の対象となる元の全体の集団を**母集団**（population）といい，母集団から選ばれて実際に調査された集団を**標本**（sample）という．

　上に述べた例のように母集団から標本を抜き出して，その標本についてだけ調査する方法を**標本調査法**（sample survey）というが，一般の市場調査や世論調査，そして官庁の行う労働力調査などの統計調査はすべてこの標本調査によって行われている．

　これに対して母集団すべてを調査する方法を**全数調査法**（complete enumeration または complete count）という．全数調査法は**全部調査法**または**悉皆調査法**とも呼ばれる．しかし全数調査は明らかに多大な労力が必要とされるために，その利用は比較的小さな母集団に対する調査に限られ，全国の個人に対して全数調査を行うのは**国勢調査**（census）のみである．なおセンサスという用語はしばしば全数調査法の意味でも用いられる．

　標本調査法と全数調査法にはそれぞれ長所と短所がある．

①　標本調査法は全数調査法よりも費用や労力が少なくて済む．

②　標本調査法は全数調査法よりも集計や分析が短時間で済む．

③　全数調査法には標本誤差がない．

④　標本調査法は全数調査法に比べて非標本誤差が小さい．

ここであげた**標本誤差**（sampling error）とは，母集団の一部しか得られないことによって生ずる，標本から得られた値と母集団の目的とする値とのずれを指す．また**非標本誤差**（non-sampling error）とは，回答者の記入ミスや，データを収集する際に調査員のミスや誤解によって生じる誤差をいう．一見すべてを調べ尽くせば正確な値が得られるように思われるが，それは母集団が小さい場合に言えることであって，大規模な全数調査では非標本誤差が深刻な問題となる．

例 **国勢調査**（census）

ここでは全数調査の例として国勢調査を説明する．

国勢調査は1920年（大正9年）に第1回の調査が行われ，それ以後多少の例外はあるものの5年ごとの10月1日に実施されている．西暦の下1桁が0と5の年に実施されるが，0の年に大規模な調査が行われ，5の年にはやや簡易な調査が行われている．諸外国では10年ごとに実施している国が最も多く，その次が5年おきとなっている．

調査用紙に付属した記入の仕方に「国勢調査は，統計法に基づいて，この10月1日現在，国内にすんでいるすべての人を対象として行われます．」と書かれているように，国勢調査は国内に住むすべての人を対象に行われ，このような調査はほかにはない．調査方法は調査員が各世帯を訪問し，調査用紙に記入する一定期間の後に再び調査員が回収する留置法で，調査員に調査内容を知られたくない場合には封をすることもできるようになっている．封をする割合は年々高くなってきており，近畿地方や関東地方でその傾向は高い．また訪問時に事件や事故に巻き込まれるケースも少なくはなく（例えば1990年は464件），大きな問題となりつつある．

全数調査では非標本誤差が大きいことを前節で述べたが，国勢調査もこの誤差から逃れることはできない．やや古い例だが，1965年の0歳の人口よりも1970

年の 5 歳の人口の方が 2 万人以上も多くなった結果もある．5 年間でこれだけの幼児が入国したとはとても考えられない．また調査期間が限られているため，数回の訪問時に不在であれば調査漏れとなってしまう．特に 1 人暮らしの大学生の調査漏れが多いということが，国勢調査関係者の悩みの種となっているとのことである．

6．2　有意選出と無作為抽出

　大規模な調査の多くは標本調査法で行われるが，その標本の選び方は**標本抽出**（sampling）または英語通り**サンプリング**と呼ばれ，大きく**有意選出**（purposive selection）または**有意抽出**（purposive sampling）と**無作為抽出**（random sampling）とに分けられる．

　有意選出は調査者の主観や意図が入る選び方の総称で，選ばれた標本は**有意標本**（purposive sample）という．例えばある地域のコンビニエンスストアの年間売り上げの平均値を知りたいとき，母集団の中で最も平均値に近い値を持つような平均的な店を 1 店ないし数店選べばよいのではという発想が根底にある．しかしこれはいわば賭けに等しく，標本の選び方自体で結果はどのようにも変化してしまう．しかも標本から得られた結果に，後に述べる確率的な理論が適用できず，解釈にも困ることが多い．ただし何らかの目的であえて意図的に標本を選ぶ場合も多い．

　有意選出に対して調査者の意図が入らないように，いわばくじ引き方式で標本を選ぶ方法を無作為抽出といい，そのようにして抜き出された標本は**無作為標本**（random sample）と呼ばれる．"random" はしばしば "でたらめ" と訳されるが，ここでの意味は主観が入らないということで，決してでたらめではない．無作為抽出では，例えば男女がほぼ同数いる母集団から無作為標本をとった場合にたまたま女性だけが選ばれるように，標本が大きく偏ってしまう可能性はあるものの，くじ引き方式をとっているため確率的な理論が適用可能となる．

　以上のような状況から，現在の信頼できる調査のほとんどは無作為抽出によ

って行われている．特にすべての**抽出単位**（sampling unit）が等しい確率でとられる無作為抽出を**単純無作為抽出**（simple random sampling）という．ここで抽出単位とは母集団を構成する単位で，人であったり事業所であったりするが，場合によっては二段，三段に設定されることもある．この点については10．2節を参照してもらいたい．

6．3　乱数

6．3．1　乱数表

前節で無作為抽出はくじ引き方式であることを説明したが，文字通りのくじ引きを実施するわけにはいかない．その代わりに一般的に用いられているのが巻末の表A.5にあるような**乱数表**（table of random numbersまたはrandom sampling numbers）で，記載されている数字1個1個は**乱数**（random number）と呼ばれる．例えば100人から1人を標本抽出する場合には100人にあらかじめ番号を付けておいて，乱数表からとられた数字に対応する人を1人選ぶというのが乱数表の使い方のイメージである．

一見すると乱数表には2桁の数字が2組ずつまとまって並んでいるように見えるが，これは見やすくするためであって，実際の乱数は1桁ずつの数である．乱数表は0〜9の数字が同じ確率でしかも互いに独立に現れるように作られた表で，いわば10等分した面に0〜9の数字が書かれたルーレットを何回も回して得られた数字を記録したものをイメージすればよいだろう．ただし実際には後に述べるような算術乱数を用いるのが普通である．

どちらの生成法によるにしても，偶然同じ数字が連続して生成されることがあるかも知れない．極端な場合には1000個連続して0の数字が並ぶことも可能性としてはあり得る．それは偶然のなせる技ではあるだろうが，このような表では調査では使いものにはならない．そのため信頼できる乱数表では，事前に**検定**（test）と呼ばれるいくつかのテストを行って，それをすべてパスしたものだけが掲載されているのである．次にそのいくつかの例を述べよう．

①　1桁度数検定：0〜9までの数字の出現度数のテストを行う．

②　2桁度数検定：2桁ずつとって，00〜99までの数字の出現度数のテストを行う．

③　ギャップ検定：ある数字が出てからいくつ目に同じ数字が出現するかをテストする．

④　ポーカー検定：4個または5個程度の数字に区切ったとき，その中に同じ数字が入っているかなどのパターンに分類し，その出現度数のテストを行う．

これ以外にも数多くの検定がある．なお検定の意味については第9章で詳しく述べることにする．

この程度の数字の列であれば，私たちにも作り出せるのではと考えるものもいるかも知れない．しかし人間が作成するとどうしても主観が入ってしまい完全な乱数はできないと言われる．これは乱数表が無作為抽出法に対応し，人間が有意抽出法に対応しているといえば納得できるだろう．多くの学生に乱数表を作成してもらったところ，0〜9の数字が同じ確率であるという点を考慮して，同じ数字を近くに配置しない傾向が強く，特に同じ数字を2個以上並べることを避ける傾向が極めて強かった．つまり上の2桁度数検定では，00とか44という出現度数が極端に小さくなってしまい，テストをパスすることができないだろう．ところが仮にその点を理解したとしても，他のすべてのテストをパスするような，ちょうどよいバランスというのが人間にはなかなか測ることはできないのである．

6.3.2　疑似乱数

コンピュータには一般に乱数を発生させる機能がある．この乱数は前節のような検定をパスする保証は必ずしもないため，やや控えめに**疑似乱数**（pseudo random number）と呼ばれる．調査における標本の設計はコンピュータを利用して行われることが多いため，乱数もコンピュータ内にある方が便利である．

また発生される乱数の個数も十分多いため，乱数表を必要な数だけかき集めるような手間も不要である．以前は機種によってそれぞれ"くせ"のあることが問題となっていたが，それも徐々に改善されてきており，通常の調査目的で利用する程度であれば，実用上大きな問題はないと思われる．

表6.1は表計算ソフトExcelで発生された乱数で，0から1の間の小数の値が次々と与えられる．これに限らず0〜1の間の値を発生するものが疑似乱数では多いが，もし1〜80の乱数が必要な場合には，この乱数を80倍して切り上げればよい．

表6.1 疑似乱数

0.464216	0.032866	0.079615	0.002763	0.613560
0.521950	0.986306	0.107531	0.351445	0.982926
0.283198	0.722446	0.275891	0.754913	0.523936
0.275070	0.356783	0.735340	0.212288	0.788805
0.676948	0.179223	0.982032	0.090340	0.067167
0.499923	0.359862	0.746323	0.439485	0.858071
0.951166	0.419853	0.846410	0.392334	0.324780
0.616251	0.588917	0.799920	0.321904	0.880103
0.412760	0.968003	0.228815	0.626074	0.707264
0.931048	0.969338	0.403807	0.880501	0.249367

疑似乱数は調査のみならず，実際に困難なことをコンピュータ内で行ったり，多数回繰り返したりするような**シミュレーション**(simulation)実験にも用いられるほか，ゲームで予測できない動きを実現するのにも使われている．

疑似乱数以外にも**乱数賽**という正20面体のサイコロがある．これは20面に0〜9の数字が2ヶ所ずつ書かれていて，普通のサイコロと同じように用いる．ただし調査の目的ではほとんど利用されていない．

6.3.3 算術乱数

ここで算術乱数について簡単に説明する．算術乱数は計算式を使って次々と整数の乱数 $r_1, r_2, \cdots, r_{n-1}, r_n, r_{n+1}, \cdots$ を作り出す方法の総称で，次のようなものがある．

$$\text{フィボナッチ法}：r_{n+1} \equiv r_n + r_{n-1} \ (mod \ M) \quad （6.1）$$

$$\text{乗算合同法（または\textbf{レーマー法}）}：r_{n+1} \equiv kr_n \ (mod \ M) \quad （6.2）$$

$$\text{混合合同法}：r_{n+1} \equiv kr_n + m \ (mod \ M) \quad （6.3）$$

　これらの式の意味は，右辺の計算結果をMで割った余りを左辺の値とするというもので，乗算合同法が最もよく用いられる．例えば乗算合同法で$k=5^7$，$M=2^{23}$とすると，前の乱数に5^7を掛けたものを2^{23}で割った余りが次の乱数となり，0から$2^{23}-1$の間の整数値がとられることになる．

　どの方法をとっても次の値は前の値によって決まるため前後の値が無関係ではないが，それが実用上問題なければよいと考えるべきであろうし，残念ながら私たちの世界で前後の因果関係がまったくないような乱数を得る方法はない．

6.4　乱数表の利用法

　例を用いて乱数表の利用法を説明しよう．

例　840の店舗を持つあるファミリーレストランのチェーン店で，従業員の習熟度を調査するために40店を無作為抽出する場合を考える．いま1〜10の番号が付けられた10個の乱数表があり，それぞれの乱数表は巻末のもののように25行（横方向の並び），40列（縦方向の並び）からなるとすると，次のステップで40店を決定することになる．

① 　840の店舗に1〜840の番号を付ける．

② 　まず適当に乱数表を選ぶ．

③ 　目をつぶって乱数表上で鉛筆を落とし，落ちた点に最も近い1桁の数字を読みとり，それを用いる乱数表の番号とする．0の場合は10番と考える．

④ 　目をつぶって乱数表上で鉛筆を落とし，落ちた点に最も近い2桁の数字を読みとり，それを行番号とする．ただし0と26以上のときにはもう一度繰り返す．

⑤ 目をつぶって乱数表上で鉛筆を落とし，落ちた点に最も近い2桁の数字を読みとり，それを列番号とする．ただし0と41以上のときにはもう一度繰り返す．

⑥ 得られた表番号，行番号，列番号をスタートポイントとして，そこの3桁の数字を記録する．ただし，0と841以上の場合には記録しない．

⑦ 以後文章を読む方向に3桁ずつの数字を読みとり，同様にして記録する．

⑧ 行の最後まで来たら1行下の左端に移動する．また乱数表の最後まで来たら次の乱数表に移動する．

⑨ 以上のようにして記録された40の番号に対応する店舗を調査する．

目をつぶるというのは，いかにも古風な方法であるが，これは主観をできるだけ排除しようとするものである．疑似乱数の場合には②，③，④の代わりに初期値を無作為に決め，後は前節の方法によって必要な乱数を確保することになる．

ただし上の例の840という大きさは比較的理想的な値であって，もし店舗数が110であればほとんどの乱数を捨ててしまわなければならない．それを防ぐためには1～110の乱数のときにはそのままの値を店舗の番号とし，111～220の乱数のときには110を引いたものを店舗の番号とし，以下同様にして881～990の乱数のときには880を引いたものを店舗の番号とすれば，捨てる乱数は0と991～999の10個のみとなる．類似の工夫はほかにもいろいろ考えられるが，どの店舗のとられる確率も等しくなければならないことは言うまでもない．このような方法は合理的ではあるものの非常に煩雑であるため，ミスを引き起こす可能性が高いと思われれば，思い切って111以上の乱数を捨てることもやむを得ない．

6.5 サンプリング実験

6.5.1 標本の平均値の計算

この節では乱数を用いて母集団から実際に標本をサンプリングしてみよう．

表6.2のデータは，A市の全書店80店において最近1週間に販売したある書籍（仮にBと呼ぶ）の冊数である．ただし★印は従業員規模の大きな書店であるが，ここではその情報は用いない．これを実際には未知の母集団として，80店から10店を無作為抽出してみよう．

表6.2 書籍Bの1週間の販売数

番号	冊数	番号	冊数	番号	冊数	番号	冊数
1	7	21	11	41	19	61	2
2	3	★22	75	42	10	62	8
★3	22	23	20	43	4	63	4
★4	5	24	5	44	4	★64	28
5	4	25	3	★45	37	65	9
★6	13	26	4	46	9	66	6
7	8	27	10	47	18	67	8
8	6	★28	83	★48	22	68	17
9	24	29	5	49	0	★69	18
10	18	30	4	50	8	70	2
11	5	★31	30	★51	1	71	5
12	4	32	6	52	6	72	8
13	7	33	1	53	4	★73	23
★14	36	★34	13	54	9	★74	33
★15	21	★35	1	55	12	75	18
16	6	36	5	56	2	76	5
17	8	★37	17	57	7	77	5
18	3	38	7	★58	12	78	8
19	19	39	8	59	31	79	9
★20	1	40	3	60	10	80	5

既に各書店には番号が付けられているので，前節のように乱数表のスタートポイントを決めた結果，下の41になったとする．母集団の大きさが80なので，

そこから下のように2桁ずつを読みとっていくことになる.

　　41　22　80　50　32　99　60　53　00　11　86　31　59　12　42…

ただし書店の数の80を超える数や00が選ばれた場合には，その数は捨てることにする．その結果次の10個の数が乱数として選ばれることになる．

　　41　22　80　50　32　60　53　11　31　59

この番号の書店を調査すると表6.3のように販売冊数が得られることになる．

表6.3　標本として選ばれた書店と書籍Bの販売数

番号	冊数
41	19
22	75
80	5
50	8
32	6
60	10
53	4
11	5
31	30
59	31

したがって，この標本の平均値は
$$\overline{X} = \frac{1}{10}(19+75+\cdots+31) = 19.30$$
と求められる．ところで母集団の平均値は
$$\frac{1}{80}(7+3+\cdots+5) = 12.21$$
であるため標本の平均値はこれを大幅に上回ってしまった訳だが，その原因の1つは標本がやや小さかったことであろうし，もう1つは75冊という2番目に大きい値がたまたま標本としてサンプリングされてしまったことだろう．無作為抽出ではこのような不幸な場合が起こる可能性があることも十分理解してい

なければならない．

　しかし標本の平均値はいつも母集団の平均値よりも大きいわけではなく，ある時には少し小さかったり，ある時には極めて小さくなったりすることも想像できる．通常の調査は大きさ10の標本を1回だけサンプリングして終了するわけだが，その調査を多数回繰り返したらどうなるかを考えてみよう．つまり上のように標本をサンプリングしてその平均値 $\overline{X}$ を計算する作業を，乱数表を連続的に用いて何回も繰り返すことになる．図6.1の上側の数直線上に，この作業を50回繰り返した場合の $\overline{X}$ の値をプロットしてある．また下側の数直線上にはわずか2店を標本として選んだ場合の標本の平均値をやはり50個プロットしてある．母集団の平均値を上に黒い三角で示している．

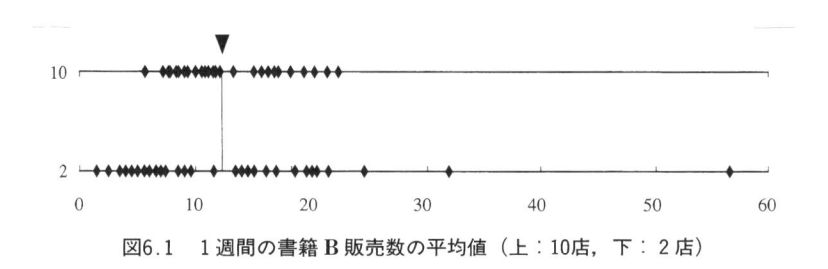

図6.1　1週間の書籍 B 販売数の平均値（上：10店，下：2店）

　どちらも母集団の平均値である12.21をほぼ中心としてばらついていることがわかるが，当然10店をサンプリングした方が散らばりは小さい．ただ10店のサンプリングは2店の場合の5倍の労力をかけているものの，散らばりは $\frac{1}{5}$ になってはいないようだ．これはなぜなのだろうか．その答えは8．4．2節まで延期することにしよう．

6．5．2　標本の分散の計算

　次に前節で表6.2の80店からサンプリングした10店，2店ずつの標本で，書籍 B の販売冊数の分散をそれぞれ計算してみよう．例えば表6.3の10店の場合，標本の分散は

$$S^2 = \frac{1}{10}(19^2 + 75^2 + \cdots + 31^2) - 19.30^2 = 438.81$$

と計算される．母集団全体の分散は

$$\frac{1}{80}(7^2+3^2+\cdots+5^2)-12.21^2=189.44$$

であるため，平均値の場合と同様に，標本の分散はこれをかなり上回ってしまった．しかし50回繰り返すと常に上回るわけではなく，下のような結果となる．

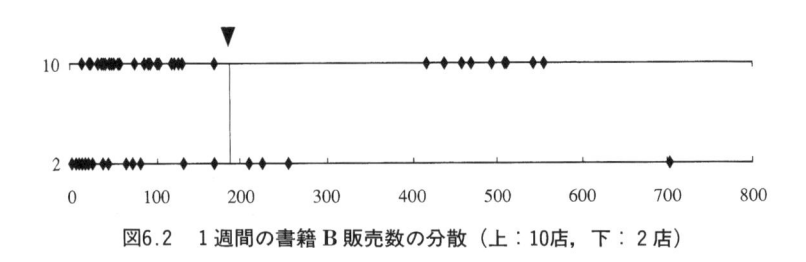

図6.2　1週間の書籍B販売数の分散（上：10店，下：2店）

　平均値と同様に標本が大きくなれば散らばりは小さくなるものの，特に2店の分散のプロットはやや不自然ではないだろうか．50個の点のうちで母集団の分散である189.44より右にあるものはわずか4つしかない．10店の分散でも9つしかなく，2店の場合ほど極端ではないものの小さい方に偏っている様子が読みとれる．実は標本の分散は母集団の分散に比べて小さくなってしまう傾向があり，その程度は標本が小さくなるほど強くなる．この点については8．3．2節で詳しく説明することにする．

6．6　復元抽出と非復元抽出

　前節でサンプリング実験を行う際，ある問題に気がついた人がいるかも知れない．ここで取り上げたいのは次のことである．
　例えば乱数表で下の50がスタートポイントとして選ばれたとする．

　　　50　39　63　39　56　75　35　48　33　34　60　21…

このとき80を超える数もないため，50から34までの10個の数値が選ばれるだろうが，この中に39という数値が2回出てくるのをどう取り扱うかというのが，

ここで考えたい問題である．もし 2 回目に現れた39をとらなければ11番目の60を追加しなければならないだろう．これは標本が大きい場合には頻繁に起こる問題である．

　2 回以上同じ抽出単位がとられてもよいとするサンプリング方法を**復元抽出**（sampling with replacement）または**重複抽出**，それを許さない方法を**非復元抽出**（sampling without replacement）または**不重複抽出**という．ここで復元抽出という言葉は一度サンプリングした抽出単位をまた母集団に戻して，常に同じ母集団からサンプリングするイメージから生まれたものであろうし，重複抽出という言葉は標本の中で同じ抽出単位が重なってとられてもよいということであろう．

　普通80店から10店を選ぶ場合には異なる10店をとる，すなわち非復元抽出を行うであろう．しかも復元抽出では同じ店が何度も選ばれる可能性があり，非復元抽出と比べて標本の持つ情報が一般に小さくなってしまう．したがって特に問題のない限り，私たちは非復元抽出をすべきであろう．前節の実験では非復元抽出を用いていた．

　復元抽出は確率論では非常に重要な概念ではあるが，特に有利な条件のない調査や統計の分野で残っている理由がある．その 1 つは，近年利用されることが多くなった**ブートストラップ法**（bootstrap method）などの方法に必要なことである．その詳細については他書に譲ることにする．もう 1 つは復元抽出は設定が単純なために，8．4 節で説明する推定量の精度などの計算が非復元抽出に比べて簡単なことがあげられる．そのため実際にはほとんど行われていない手法であるにもかかわらず，しばしば机上では取り上げられているのが現状である．

　本書では以後断りのない限り，サンプリング法は非復元の単純無作為抽出を指すものとする．

第7章　確率変数と確率分布

7．1　確率変数と確率分布

2．2節の表2.5にある，全国の都道府県別の博物館・美術館数のデータを再び考えてみよう．47都道府県の平均値が 68.83 であることは既に求まっているが，もし「47都道府県から1つだけとったときの平均値（期待値）は？」と考えたとするとどうだろう．実はその平均値もやはり 68.83 である．

平均値へ至るこの2つの道筋は似ているようだけれども，はっきりと異なっている．前者は47個の数値を単純に平均するだけであるが，後者は選ばれる1都道府県だけの値を仮に x と表したとき，その x の様々な可能性の平均値について考えたことになる．この x のように実際にその値が確定するまでは文字で表すものは**確率変数**（random variable または stochastic variable）と呼ばれる．確率変数はすべての値または範囲をとる確率が決められた変数で，上の話は47都道府県が確率 $\frac{1}{47}$ ずつで選ばれることを想定したものだった．

初めて見ると確率変数は扱いにくく見えるが，それを導入することで議論はスムーズになる．例えば47都道府県から3都道府県を選んだときの博物館・美術館数の平均値を考えるときには，もしも確率変数を用いなければ，実際に3都道府県が選ばれる前には47都道府県から3都道府県をとる組み合わせの $_{47}C_3 = 16215$ 通りすべての可能性を考えなければならず，その平均の性質などを議論することは困難である．これに対して3都道府県の値を確率変数 x_1, x_2, x_3 としておいて，その平均も確率変数 $\overline{X} = \frac{1}{3}(x_1 + x_2 + x_3)$ とすれば，そのような議論は可能となる．なお以後，平均値を単に平均と呼ぶことにする．

さて，このような確率変数はしばしば**確率分布**（probability distribution）（又は簡単に**分布**（distribution）と呼ばれる）に従うように設定されることがある．確率変数が確率分布に従うとは，確率分布のシステムによって確率変数

の値が決定されることである．通常，確率分布にはその形を決定する要因となる**パラメータ**（parameter）と呼ばれる数値があるが，多くの場合そのパラメータの数は数個程度で，中には1個のパラメータのみで決められるものもある．

例えばある集団の興味を持った値の分布が，既に考案されているある確率分布に近いとする．確率分布は様々な性質を求めることが比較的簡単なので，その性質を集団の分布にも近似的に用いることができる．確率分布は理論に裏打ちされて用いられているものもある反面，単に実際の分布へのあてはまりがよいだけの理由で利用されているケースも少なくない．その使い方には注意が必要である．

確率分布の中には，飛び飛びの値しかとらない離散型の確率変数が従う**離散分布**（discrete distribution）と連続型の確率変数が従う**連続分布**（continuous distribution）がある．これまで考案された確率分布の中で，現在もよく利用されているものだけでも数十種類あるが，この章では本書で利用されるものだけを紹介するにとどめる．

7．2　離散分布

7．2．1　ポアソン分布

確率分布は**密度関数**（density function）で定義される．密度関数は，**確率密度関数**（probability density function）とも**確率関数**（probability function）とも呼ばれる．**ポアソン分布**（Poisson distribution）は密度関数

$$f(x)=\frac{e^{-\alpha}\alpha^x}{x!} \quad (x=0, 1, 2, \cdots) \tag{7．1}$$

で定義されるが，この式の中の e は定数で，その値は2.718281828… である．また "!" は**階乗**（factorial）を表し，その数以下の正の整数をすべて掛け算するもので，例えば $5!=5\times4\times3\times2\times1=120$ である．（0については例外的に $0!=1$ と決められている．）また α はポアソン分布でただ1つのパラメータで，この値を変えることによって分布の形を変えることができる．実はポアソン分布の平均と分散が両方とも α となるから，このパラメータが平均と分散の両方

を表している．

例えば $a=3$ のとき密度関数は $f(x)=\dfrac{e^{-3}3^x}{x!}$ となるが，$f(0)=\dfrac{e^{-3}3^0}{0!}=0.0498$，$f(1)=\dfrac{e^{-3}3^1}{1!}=0.1494$ はそれぞれ $x=0, x=1$ となる確率を表している．当然 $f(0)+f(1)+f(2)+\cdots=1$ となる．

なお平均と分散はそれぞれ

$$\overline{X}=0\cdot f(0)+1\cdot f(1)+2\cdot f(3)+\cdots=a \qquad (7.2)$$

$$S^2=(0-\overline{X})^2\cdot f(0)+(1-\overline{X})^2\cdot f(1)+(2-\overline{X})^2\cdot f(3)+\cdots=a \qquad (7.3)$$

と計算される．離散分布の平均や分散はすべてこのようにして計算される．

例 ポアソン分布はポアソン（Siméon Denis Poisson）によって考案された分布であるが，考案されてから数十年後に，そのモデルにあてはまる例として紹介されたのが表2.2の馬に蹴られて死んだ兵士のデータである．正確にはデータの各比率がポアソン分布によって近似されることになる．まずこのデータから平均が

$$\frac{1}{200}(0\times 109+1\times 65+\cdots+4\times 1)=0.6100$$

と求められるから，（7．1）式で $a=0.61$ とすると，表7.1のように確率が求められる．

表7.1　ポアソン分布による近似

x	確率
0	0.5434
1	0.3314
2	0.1011
3	0.0206
4	0.0031
5	0.0004
6	0.0000
合計	1.0000

ポアソン分布では x が非常に大きくなってもその確率は 0 にはならないが，

この場合には $x=6$ 程度でほぼ 0 と考えてもよいだろう．この数値を200倍すると元のデータそのもののポアソン分布による近似が求められる．それを図7.1に示すが，いかによく近似されているかがわかるだろう．

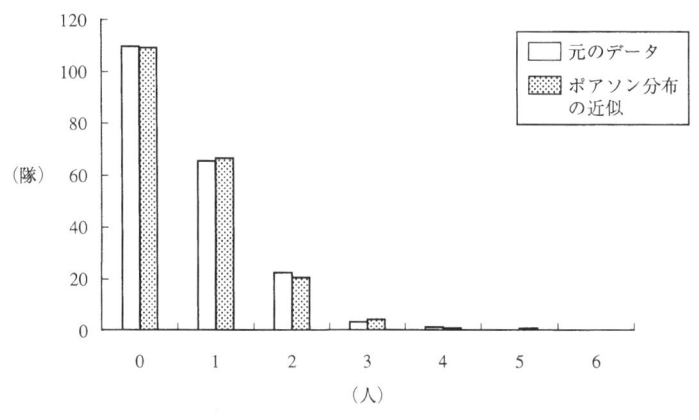

図7.1　ポアソン分布による近似

7．2．2　二項分布

硬貨を投げて表か裏が出るように，必ず2つのうちのどちらかが起こる試行を多数回繰り返すことを**ベルヌーイ試行**（Bernoulli trials）と呼ぶ．この名前はベルヌーイ（Jacob Bernoulli）にちなんで付けられたものである．その多数回の試行において一方がある回数起こる確率は**二項分布**（binomial distribution）に従う．

1回の試行で2つの起こり得ることを P，Q として，P の起こる確率が p とする．当然 Q の起こる確率は $1-p$ である．このとき n 回のベルヌーイ試行で P が x 回起こる確率は

$$f(x) = {}_nC_x p^x (1-p)^{n-x} \quad (x=0,\ 1,\ 2,\ \cdots,\ n) \tag{7.4}$$

と書かれる．例えば n 回中最初の x 回 P が起こり，その後の $n-x$ 回 Q が起こる確率は $p^x(1-p)^{n-x}$ となるが，そのパターンは n 回の中から P の起こる x 回を

選ぶ組み合わせの数に等しいため $_nC_x$ をかけることになる．なお $_nC_x$ は n 個のものから x 個をとる組み合わせの数で，$_nC_x = \dfrac{n!}{x!(n-x)!}$ である．二項分布の平均と分散はそれぞれ np, $np(1-p)$ である．

例 2．4．2節の表2.8のトランプの色当てのデータは，超能力がない限り1枚ずつ $\dfrac{1}{2}$ の確率で予測するしかないため，まさにこの二項分布があてはまる．

単純に $p=0.5$ としてもよいが，試行の回数は20回で，既に189人の当たった枚数の平均が9.884と求まっているため，$np=9.884$ より $p=0.4942$ としよう．これを元にして $x=0$ から $x=20$ となる確率を求め人数の189をかけると，データの二項分布による近似が完成する．図7.2にその結果を示すが，これも非常によく近似されていることがわかる．

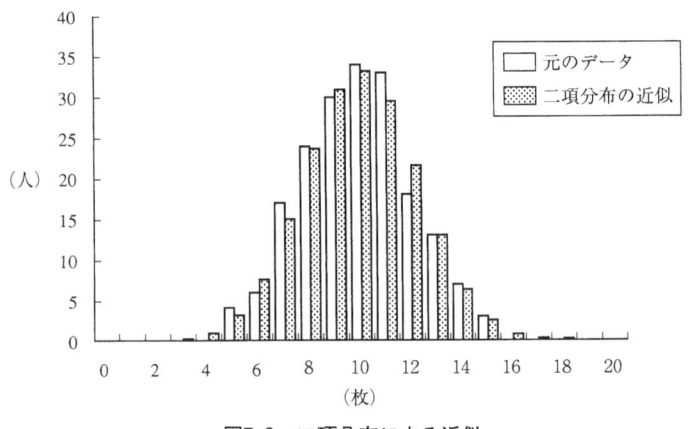

図7.2 二項分布による近似

7．2．3 多項分布

多項分布（multinomial distribution）は二項分布の拡張である．二項分布の場合1回の試行で起こり得ることが2つであったのに対して，多項分布では3つ以上あることが異なる点である．二項分布がコイントスをイメージすればわ

かりやすいように，多項分布はサイコロ投げをイメージすればよいだろう．

　二項分布では n 回の試行中 P が x 回起こる確率を考えたが，これで済んだのは Q が $n-x$ 回起こることが自動的に決まったからである．それに対して多項分布では，$P_1, P_2, \cdots, P_k$ という k 通りの起こり得ることがあったとき，n 回の試行中 P_1 が x_1 回起こることだけではすべてが確定せず，P_2 が x_2 回，$\cdots$，P_k が x_k 回（ただし $x_1+x_2+\cdots+x_k=n$）起こるというように，k 個の確率変数を用意しなければならなくなる．例えばサイコロ投げでは1～6の目の出る回数をそれぞれ考えなければならない．このように2つ以上の確率変数を用いる分布を**多変量分布**（multivariate distribution）という．

　多項分布の密度関数は次の式になる．

$$f(x_1, x_2, \cdots, x_k) = \frac{n!}{x_1! x_2! \cdots x_k!} p_1^{x_1} p_2^{x_2} \cdots p_k^{x_k} \quad (x_1+x_2+\cdots+x_k=n)$$

（7．5）

ただし $p_1, p_2, \cdots, p_k$ は1回の試行でそれぞれ $P_1, P_2, \cdots, P_k$ が起こる確率である．

　多項分布で k 個の起こり得ることの中の1つに注目した場合，それ以外の $k-1$ 個を合わせると二項分布と考えることも可能となる．例えばサイコロで1の目が出るか，それ以外の目が出るかを考えるような場合である．

7．3　連続分布

7．3．1　正規分布

　離散分布と連続分布のすべての中で，最も有名で最も有用な分布は**正規分布**（normal distribution）だろう．正規分布の密度関数は2つのパラメータ $\bar{X}, S^2$ を用いて次のように書くことができる．

$$f(x) = \frac{1}{S\sqrt{2\pi}} e^{-\frac{(x-\bar{X})^2}{2S^2}} \quad (-\infty < x < \infty)$$

（7．6）

ただし π は円周率である．この曲線は左右対称の単峰形である．

　正規分布の平均と分散はそれぞれ $\bar{X}, S^2$ となるから，この2つ自体がそのま

まパラメータであり，正規分布はパラメータを用いてしばしば $N(\overline{X}, S^2)$ と略記もされる．ただし平均と分散は

$$\overline{X} = \int_{-\infty}^{\infty} x f(x) dx \tag{7.7}$$

$$S^2 = \int_{-\infty}^{\infty} (x - \overline{X})^2 f(x) dx \tag{7.8}$$

と計算される．他の連続分布についても定義された範囲において同様の積分を行うことによって求められる．

ところで連続型の変数の場合には例えば $x=1$ となる確率は 0 である．これは 2.1.3 節で述べたことと同じ理由で，ちょうど 1 になることはあり得ないからである．そのため確率的には $0 < f(x) < 1$ のように，確率変数がある区間に含まれる確率を考えることになり，

$$P\{0 < x < 1\} = \int_0^1 f(x) dx \tag{7.9}$$

のように積分をしなければならない．しかし正規分布の場合にはこの種の積分ができないという問題がある．

正規分布で $\overline{X} = 0$，$S^2 = 1$ としたものを特に**標準正規分布** (standard normal distribution) または**基準正規分布**といい，$N(0,1)$ で表すが，x が正規分布 $N(\overline{X}, S^2)$ に従うとき，

$$z = \frac{x - \overline{X}}{S} \tag{7.10}$$

と**基準化** (standardize) を行うと，確率変数 z は標準正規分布に従うという性質がある．そのため確率変数 z がある区間に含まれる確率を求めておけば，どんな正規分布にもその値が利用できることになる．例えば $N(3, 2^2)$ に従う確率変数 x が $0 < x < 1$ となる確率は，$\frac{0-3}{2} < \frac{x-3}{2} < \frac{1-3}{2}$ より，確率変数 z が $-\frac{3}{2} < z < -1$ となる確率を求めればよい．図 7.3 を参考にしてほしい．

巻末の付表 A.1 には，標準正規分布でいくつかの値 z_0 に対して $0 < z < z_0$ となる確率を示している．また確率変数がある値より大きくなる確率は**上側確率**

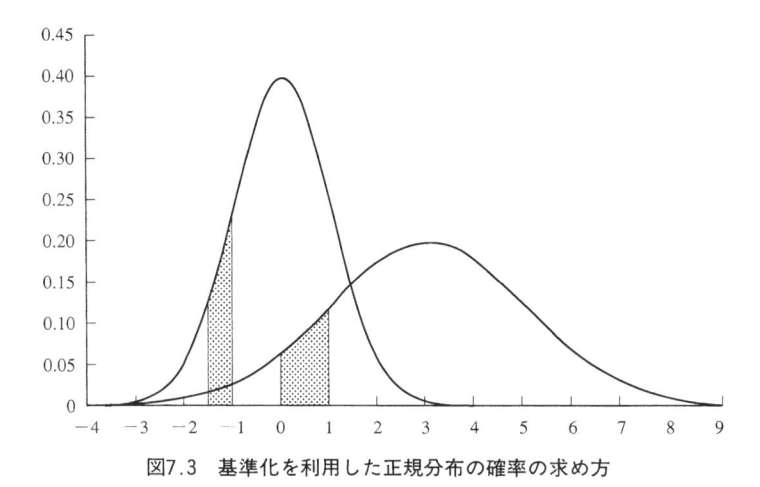

図7.3 基準化を利用した正規分布の確率の求め方

と呼ばれるが，付表 A.2は，上側確率から対応する点（**パーセント点**と呼ばれる）が求められるように作られている．

正規分布はラプラス（Pierre Simon Laplace）やガウス（Carl Friedrich Gauss）などの天才たちによって考えられた分布で，例えば同年齢の男性の身長のように自然界の多くのものの長さなどが従うことや，製造や測定などにおける誤差が従うことで知られている．また二項分布などの他の分布の近似としても用いられている．更に8．5．1節で述べるように，どんな分布からとられた標本でも，その平均の分布は標本が大きくなると正規分布に近づくという性質もあり，利用範囲は極めて広い．

二項分布の近似を見てみよう．

例 x が二項分布 $f(x) = {}_nC_x p^x (1-p)^{n-x}$ に従うとき，$z = \dfrac{x - np}{\sqrt{np(1-p)}}$ の分布は試行回数 n が大きくなると標準正規分布に近づくことが知られている．

二項分布の節でも近似した表2.8のトランプの色当てのデータを再び考えてみよう．既に $p = 0.4942$ と求まっていたから，$z = \dfrac{x - 20 \cdot 0.4942}{\sqrt{20 \cdot 0.4942 \cdot (1 - 0.4942)}} = \dfrac{x - 9.884}{2.236}$ が標準正規分布に近似的に従うことになる．

例えばトランプ20枚中13枚以上当たる確率を正規分布で近似したければ，

$\dfrac{13-9.884}{2.236}=1.394$ となるので，標準正規分布でこの点より大きくなる確率を求めると 0.082 程度になる．実際に13枚以上当たった学生は23人おり，その確率は 0.1217 となる．2つの確率には少し差があるが，これは13そのものを用いたからで，12と13の中間の12.5を用いると，$z=1.170$ より確率は 0.121 程度と求まり，かなりよい近似であることがわかる．

7．3．2　χ^2 分布

χ^2 分布（χ-square distribution）の密度関数は

$$f(x)=\dfrac{x^{\frac{n}{2}-1}e^{-\frac{x}{2}}}{2^{\frac{n}{2}}\Gamma\left(\dfrac{n}{2}\right)} \quad (0<x) \tag{7.11}$$

である．ここで n は**自由度**（degree of freedom）と呼ばれる正の整数で，$\Gamma(\ )$ は**ガンマ関数**（gamma function）と呼ばれ

$$\Gamma(a)=\int_0^\infty x^{a-1}e^{-x}dx \tag{7.12}$$

で定義される．

χ はギリシャ文字の小文字で "カイ" と読み，アルファベットでは x に対応す

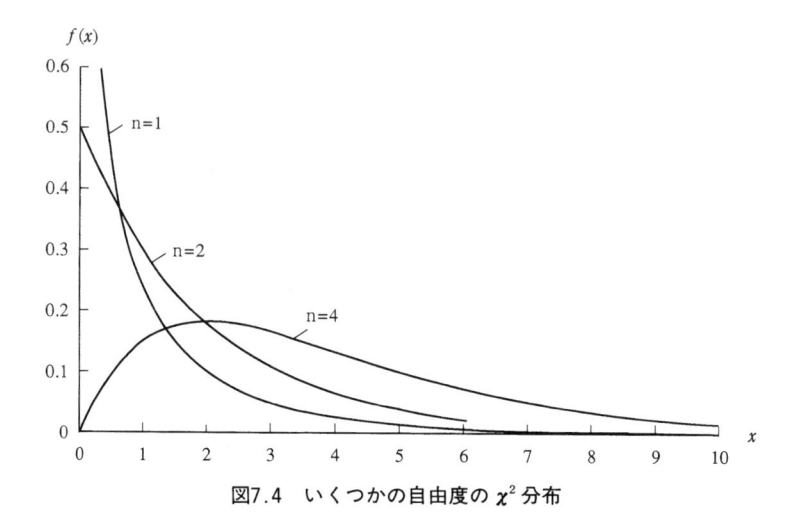

図7.4　いくつかの自由度の χ^2 分布

る文字である．χ^2 分布の平均と分散はそれぞれ n と $2n$ である．この分布は９．５節で用いられる．図7.4にいくつかの自由度の χ^2 分布を示す．

7.3.3　*t* 分布

***t* 分布**（*t*-distribution）は**スチューデントの *t* 分布**（Student's *t*-distribution）とも呼ばれスチューデントによって導入されたものである．ただしスチューデントの本名はゴセット（William Sealy Gosset）といい，スチューデントは謙虚さを込めたペンネームである．

t 分布の密度関数は

$$f(x) = \frac{\Gamma\left(\frac{n+1}{2}\right)}{\Gamma\left(\frac{n}{2}\right)\sqrt{\pi n}} \left(1 + \frac{x^2}{n}\right)^{-\frac{n+1}{2}} \quad (-\infty < x < \infty) \qquad (7.13)$$

で定義され，n は自由度と呼ばれる正の整数である．この分布の平均は $n>1$ のとき 0 で，分散は $n>2$ のとき $\dfrac{n}{n-2}$ である．この分布は８．５．３節以降で効果的に用いられる．図7.5にいくつかの自由度の *t* 分布を示す．

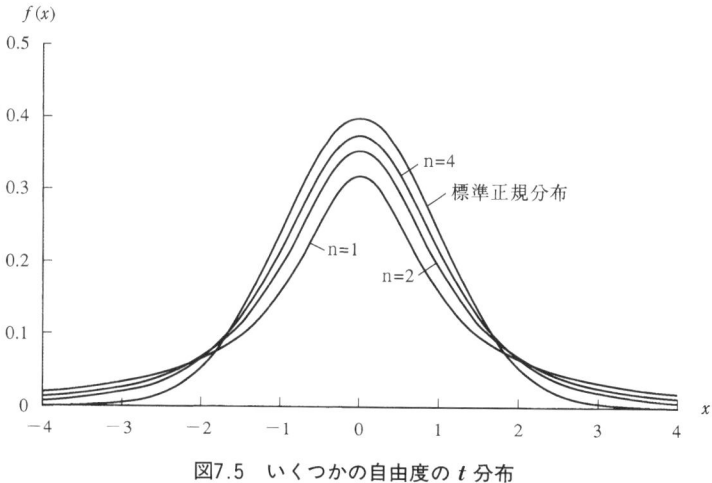

図7.5　いくつかの自由度の *t* 分布

第8章　推定の方法

8．1　推定の概念

6．1節で述べたように調査の多くは標本調査によって行われる．したがって私たちが知り得るのは母集団の一部である標本の値に過ぎない．その値を元にして第2章のような記述統計を試みても，そこから導き出される結果は母集団ではなく標本の性質に過ぎない．しかし私たちが知りたいのはあくまでも母集団についての情報なので，得られた標本の結果をもう一度母集団にフィードバックする必要がある．このような方法を**統計的推論**(statistical inference)というが，その中で最も重要な位置を占めるのが**推定**(estimation)と呼ばれる方法である．

母集団における目標となる特性値を**母数**(parameter)というが，標本から得られる母数に対応する値である**推定量**（estimator）を計算するのが推定，正確に言えば**点推定**（point estimation）である．なお推定量が実際に計算され，値が得られたものは**推定値**(estimate)と呼ばれるが，この2つはしばしば区別なく用いられる．6．5．1節のサンプリング実験は母集団の平均を標本の平均で推定しようとしたもので，母集団の平均が母数，標本の平均が推定量と考えられる．

8．2　不偏推定

推定をアーチェリーに例えてみよう．この場合に母数は的の真ん中で，推定値は矢の刺さった位置と考えられる．通常の推定は1回だけ矢を放って終了である．ここで，ある選手に何度も矢を放ってもらおう．これは同じ調査を何度も行い，得られた標本からその都度推定を行うことに相当している．たくさんの矢の刺さった位置が真ん中を中心としてばらついていれば，この選手の腕の

良し悪しは別にして，少なくともねらいが全体的にずれていないと言える．

推定ではこれを**不偏推定**（unbiased estimation），またそのような推定量を**不偏推定量**（unbiased estimator）という．正確には，母数をD，推定量をdとしたとき

$$E(d)=D \qquad (8.1)$$

と書かれる場合にdはDの不偏推定量であるという．これとは逆に$E(d) \neq D$のときdには**偏り**（bias）があるといい，そのような推定量は**偏りのある推定量**（biassed estimator）と呼ばれる．6．5．2節で見たように，母集団の分散を推定する際の標本の分散は，偏りのある推定量の典型である．ここで$E(\ )$は**期待値**（expectation）を表し，例えばdがd_1, d_2, $\cdots$, d_kの値をそれぞれ確率$P(d_1)$, $P(d_2)$, $\cdots$, $P(d_k)$でとるとき，dの期待値は

$$E(d)=d_1 P(d_1)+d_2 P(d_2)+\cdots+d_k P(d_k) \qquad (8.2)$$

で定義される．したがって期待値は平均値と同じものである．

不偏推定量が偏りのある推定量よりも優れているのは当然で，可能であれば不偏推定量を用いるべきであろう．ただし非常にばらつきの大きい不偏推定量と，偏りがあってもばらつきの小さい推定量のどちらがよいかについては議論の余地がある．これを解決する尺度として母数からのずれを評価する**平均平方誤差**（mean square error）

$$MSE(d)=E(d-D)^2 \qquad (8.3)$$

を用いることが多い．平均平方誤差が小さいほどよい推定量と考えるものだが，ここでは紹介にとどめたい．

8．3　母平均と母分散の推定

8．3．1　母平均の推定

標本調査で量的なデータがとられた場合，推定の目標となるのは一般的に母

集団の平均すなわち**母平均**（population mean）であろう．大きさ N の母集団の各抽出単位の持つある値が

$$a_1, \ a_2, \ \cdots, \ a_N \tag{8.4}$$

であるとき，母平均 μ は

$$\mu = \frac{1}{N}(a_1 + a_2 + \cdots + a_N) \tag{8.5}$$

である．μ はギリシャ文字の小文字で"ミュー"と読み，アルファベットの m に対応する文字である．

この母集団から非復元単純無作為抽出された大きさ $n\,(n<N)$ の標本の値を

$$x_1, \ x_2, \ \cdots, \ x_n \tag{8.6}$$

とする．ここで $f = \dfrac{n}{N}$ は**抽出率**（sampling ratio または sampling fraction）と呼ばれる．母集団と違う記号を用いることを奇妙に思う人もいるかも知れない．例えば x_1 は a_1 から a_N のどの値もとる可能性があるが，実際にサンプリングするまでその値が確定しないため便宜上 x という確率変数を用いる．また標本や母集団に含まれる抽出単位の数は**標本の大きさ**（sample size または size of sample），**母集団の大きさ**（population size または size of population）という言い方をする．専門書などでもしばしば用いられている標本数やサンプル数というのは誤った言い方で，標本数が5といえば，抽出単位をいくつか含む標本が5組あることになってしまう．

さて，6.5節で計算したような

$$\overline{X} = \frac{1}{n}(x_1 + x_2 + \cdots + x_n) \tag{8.7}$$

は**標本平均**（sample mean）と呼ばれ，母平均 μ の不偏推定量となっている．したがって母平均の推定には標本平均を用いればよい．不偏推定であることは次のように証明される．

d_1, d_2 を確率変数，c_1, c_2 を定数とするとき，期待値には $E(c_1 \cdot d_1 + c_2 \cdot d_2) = c_1 \cdot E(d_1) + c_2 \cdot E(d_2)$ という性質があるので $\overline{X}$ の期待値が

$$E(\overline{X}) = \frac{1}{n}\{E(x_1) + E(x_2) + \cdots + E(x_n)\} \quad (8.8)$$

と書けるが，$E(x_1)$，$E(x_2)$，…，$E(x_n)$ はすべて μ となる．x_1 は最初にとり出された値であるから $E(x_1) = \mu$ となることは簡単に理解されるが，とり得る値の確率はとり出された順番には左右されないから，他の期待値もすべて μ となるのである．とり出される順番を考慮してしまうと計算は厄介なものとなる．したがって

$$E(\overline{X}) = \frac{1}{n}(\mu + \mu + \cdots + \mu)$$
$$= \mu \quad (8.9)$$

となることがわかる．

例を示そう．

例 3938人の在学生のいる大学で，平日の睡眠時間を調査するために非復元単純無作為抽出によって100人を調査したところ，結果は次のようになった．な

表8.1 学生の平日の睡眠時間

睡眠時間	人数
3 時間	1
3 時間30分	0
4 時間	4
4 時間30分	1
5 時間	13
5 時間30分	0
6 時間	28
6 時間30分	3
7 時間	30
7 時間30分	1
8 時間	15
8 時間30分	0
9 時間	3
9 時間30分	1
合計	100

お睡眠時間は30分単位で回答してもらったが，ほとんどの学生は"30分"を用いなかった．

このとき標本平均を求めると

$$\overline{X} = \frac{1}{100}(3\times 1 + 3.5\times 0 + 4\times 4 + 4.5\times 1 + \cdots + 9.5\times 1) = 6.500$$

となり，6時間30分が3938人の母平均 μ の不偏推定値となる．

8．3．2　母分散の推定

母集団の分散は**母分散**(population variance)，標本の分散は**標本分散**(sample variance) と呼ばれ，それぞれ

$$\sigma^2 = \frac{1}{N}\{(a_1-\mu)^2 + (a_2-\mu)^2 + \cdots + (a_N-\mu)^2\} \qquad (8.10)$$

$$S^2 = \frac{1}{n}\{(x_1-\overline{X})^2 + (x_2-\overline{X})^2 + \cdots + (x_n-\overline{X})^2\} \qquad (8.11)$$

と書かれる．もし平均が小数になってしまえば，手計算では上式の計算は大変であるから，2．3節で述べたように

$$\sigma^2 = \frac{1}{N}(a_1^2 + a_2^2 + \cdots + a_N^2) - \mu^2 \qquad (8.12)$$

$$S^2 = \frac{1}{n}(x_1^2 + x_2^2 + \cdots + x_n^2) - \overline{X}^2 \qquad (8.13)$$

と計算すればよいだろう．σ はギリシャ文字の小文字で"シグマ"と読み，アルファベットの s に対応する文字である．

もし母分散を推定したければ，平均の場合と同様に標本分散によって推定すればよいように思うのは当然であろう．ここに推定の怖さが潜んでいる．やや大変な計算であるが，標本分散の期待値を求めてみよう．

まず標本分散は

$$\begin{aligned}S^2 &= \frac{1}{n}(x_1^2 + x_2^2 + \cdots + x_n^2) - \overline{X}^2 \\ &= \frac{1}{n^2}\{n(x_1^2 + x_2^2 + \cdots + x_n^2) - n^2\overline{X}^2\}\end{aligned}$$

$$= \frac{1}{n^2}\{n(x_1^2+x_2^2+\cdots+x_n^2)-(x_1+x_2+\cdots+x_n)^2\}$$

$$= \frac{1}{n^2}\{(n-1)(x_1^2+x_2^2+\cdots+x_n^2)-2(x_1x_2+x_1x_3+\cdots+x_{n-1}x_n)\}$$

$$= \frac{1}{n^2}\{(x_1-x_2)^2+(x_1-x_3)^2+\cdots+(x_{n-1}-x_n)^2\} \qquad (8.14)$$

と変形される．最後の変形は逆方向に考えて展開してみるとわかりやすい．なお最後の式では x の添え字の値が小さいもの（前半）と添え字の値が大きいもの（後半）との差の2乗を，すべての組み合わせの ${}_nC_2=\dfrac{n(n-1)}{2}$ 通りについて和をとっている．

よって

$$E(S^2)=\frac{1}{n^2}\{E(x_1-x_2)^2+E(x_1-x_3)^2+\cdots+E(x_{n-1}-x_n)^2\} \qquad (8.15)$$

となるが，例えば右辺の最初の項 $E(x_1-x_2)^2$ を考えると，$\dfrac{1}{{}_nC_2}=\dfrac{2}{N(N-1)}$ の確率ずつで $(a_1-a_2)^2$ または $(a_2-a_1)^2$，$(a_1-a_3)^2$ または $(a_3-a_1)^2$，$\cdots$，$(a_{N-1}-a_N)^2$ または $(a_N-a_{N-1})^2$ をとる．それぞれのペアは2乗しているから等しくなるため，まとめて考えると

$$\begin{aligned}
E(x_1-x_2)^2 &= (a_1-a_2)^2\cdot\frac{2}{N(N-1)}+(a_1-a_3)^2\cdot\frac{2}{N(N-1)}+\cdots\\
&\quad +(a_{N-1}-a_N)^2\cdot\frac{2}{N(N-1)}\\
&= \frac{2}{N(N-1)}\{(a_1-a_2)^2+(a_1-a_3)^2+\cdots+(a_{N-1}-a_N)^2\}\\
&= \frac{2N}{N-1}\cdot\frac{1}{N^2}\{(a_1-a_2)^2+(a_1-a_3)^2+\cdots+(a_{N-1}-a_N)^2\}\\
&= \frac{2N}{N-1}\sigma^2 \qquad (8.16)
\end{aligned}$$

となる．この最後の変形は（8.14）式の逆向きの変形と同様である．他の項の期待値も上と同じになることから，結局 $\dfrac{n(n-1)}{2}$ 項の和について

$$\begin{aligned}
E(S^2) &= \frac{1}{n^2}\left\{\frac{2N}{N-1}\sigma^2+\frac{2N}{N-1}\sigma^2+\cdots+\frac{2N}{N-1}\sigma^2\right\}\\
&= \frac{1}{n^2}\cdot\frac{n(n-1)}{2}\cdot\frac{2N}{N-1}\sigma^2
\end{aligned}$$

$$= \frac{n-1}{n} \cdot \frac{N}{N-1} \sigma^2 \qquad (8.17)$$

と求められる．（計算終わり）

つまり標本分散を計算すると σ^2 ではなく $\frac{n-1}{n} \cdot \frac{N}{N-1} \sigma^2$ に向かって矢を放ってしまうことになる．$n<N$ であるから $\frac{n-1}{n} \cdot \frac{N}{N-1}<1$ となり，S^2 を用いると一般に σ^2 よりも小さな値が得られてしまう．これが6．5．2節で行ったサンプリング実験で，標本分散を計算した際に感じた疑問の答えである．

表8.2に標本分散が母分散と比較して小さくなる度合いを表しているが，母集団の大きさNにかかわらず，標本の大きさnが2桁以下になればこれを無視することはできなくなる．

表8.2 $\dfrac{n-1}{n} \cdot \dfrac{N}{N-1}$ の値

n \ N	10	100	1000	10000	100000	1000000
5	0.8889	0.8081	0.8008	0.8001	0.8000	0.8000
10		0.9091	0.9009	0.9001	0.9000	0.9000
100			0.9910	0.9901	0.9900	0.9900
1000				0.9991	0.9990	0.9990
10000					0.9999	0.9999
100000						1.0000

そこで S^2 に代えて $\frac{N-1}{N} \cdot \frac{n}{n-1} S^2$ を用いると

$$E\left(\frac{N-1}{N} \cdot \frac{n}{n-1} S^2\right) = \frac{N-1}{N} \cdot \frac{n}{n-1} \cdot \frac{n-1}{n} \cdot \frac{N}{N-1} \sigma^2$$
$$= \sigma^2 \qquad (8.18)$$

と不偏推定を行うことができる．私たちは母集団や標本の大きさにかかわらず，常にこの推定量を用いるべきであろう．

母集団の標準偏差である**母標準偏差**（population standard deviation）σ を推定する際にも，**標本標準偏差**（sample standard deviation）S を用いると偏りが生じるため，$\sqrt{\frac{N-1}{N} \cdot \frac{n}{n-1} S^2} = \sqrt{\frac{N-1}{N} \cdot \frac{n}{n-1}} S$ で推定することにする．この推定量には若干の偏りがあるが，一般に非常に小さい．

例 表8.1の睡眠時間のデータを元に，母分散と母標準偏差を推定してみよう．まず標本分散を計算すると，標本平均が $\overline{X}=6.500$ であったから

$$S^2 = \frac{1}{100}(3^2 \times 1 + 3.5^2 \times 0 + 4^2 \times 4 + 4.5^2 \times 1 + \cdots + 9.5^2 \times 1) - 6.500^2$$
$$= 1.475$$

となる．したがって母分散 σ^2 は

$$\frac{N-1}{N} \cdot \frac{n}{n-1} S^2 = \frac{3938-1}{3938} \times \frac{100}{100-1} \times 1.475$$
$$= 1.490$$

と不偏推定される．標本がそれほど小さくないため標本分散よりさほど大きくない．また母標準偏差 σ は

$$\sqrt{1.490} = 1.220$$

と推定される．

8．3．3　母平均と母分散の推定の補足

　母平均や母分散には μ や σ^2 のギリシャ文字を用いたが，母集団にギリシャ文字を割りあてるのは世界共通の用法である．欧米の学生の中にもギリシャ文字を用いることに抵抗感を持つものも多いといわれるが，これは母集団と標本の区別をはっきりとさせるためのものである．20世紀の初頭にユール (George Udny Yule) が母集団と標本のはっきりとした区別を行うまでは，母集団と標本を混同したままデータの分析が行われ，それが元でしばしば問題が起きていた．ギリシャ文字の使用は，いわばその反省に立って行われたとも言えるだろう．なお μ と σ はアルファベットの m と s に対応するギリシャ文字の小文字で，"mean" と "standard deviation" の頭文字をとったものである．第2章で用いた平均値や分散の記号は，すべて標本のものを用いていた．

　また，大きさ n の標本が"復元抽出"された場合には，母平均の推定には標本平均 $\overline{X}$，母分散の推定には $\frac{n}{n-1}S^2$ を用いれば不偏推定を行えることも，前節よりも簡単に証明できる．

母平均，母分散，母標準偏差の推定について表8.3にまとめているので参照していただきたい．

表8.3 母平均と母分散の推定

母集団		母平均	母分散	母標準偏差
$a_1, a_2, \cdots, a_N$		μ	σ^2	σ
		↑不偏推定	↑偏りあり	↑偏りあり
標本		標本平均	標本分散	標本標準偏差
$x_1, x_2, \cdots, x_n$		$\overline{X}$	S^2	S
			不偏推定	わずかに偏りあり
改良した推定量			$\dfrac{N-1}{N}\cdot\dfrac{n}{n-1}S^2$	$\sqrt{\dfrac{N-1}{N}\cdot\dfrac{n}{n-1}S^2}$

8．4　推定量の精度

8．4．1　推定量の信頼性

「大学生の平日の睡眠時間は6時間30分と推定される」という結果があっても，これが標本調査によって得られたものであれば，その数値には標本誤差が含まれているため，完全に信じ切ることはできないであろう．では，どの程度信じるかは何を基準に考えればよいであろうか．

その代表的なものは**標本の大きさ**（sample size）と調査方法である．結果の数字の背後に数万人のデータがあるか，数千人のデータがあるか，極端な場合にはわずか数人のデータしかないのかは大きな基準となるだろう．新聞各紙や信頼できる調査機関，NHKなどの調査結果には，必ず標本の大きさと調査方法が記載されている．逆にこのような説明がない調査結果は，多くの場合それを明らかにしたくないようなデータを元に作られており，一般に信頼することはできないと言えるだろう．どの程度の標本の大きさだと十分なのかという点については，8．4．4節で考えることにしよう．

データの性質によっては単に標本の大きさだけで良し悪しが言えないこともある．つまり，元々データの散らばりが極めて大きい場合には十分大きい標本を必要とするのに対して，データの値がどれも変わらない場合には小さい標本

でも信頼できる結果が得られるだろう．このような点を加味して推定量のよさを測るのが推定量の**精度**（precision）と呼ばれるものである．

推定量の精度としては，推定量の分散や推定量の**標準誤差**（standard error）を用いるのが普通である．これらは6．5節で行ったサンプリング実験で，数直線上にプロットした点の分散や標準偏差に相当する．すなわち，通常は1回しか行わない調査を多数回（正確には回数を無限大とする）繰り返した場合の，推定量の値の分散や標準偏差である．ただし推定量の場合には標準偏差は標準誤差というのが慣例となっている．

不偏推定においてこれらの値が小さければ，推定量の値は常に母数に近いことになり，それを生み出した調査もよい調査ということができる．

8．4．2　母平均の推定量の精度

調査の目的の多くは母集団の抽出単位が持つある値の平均の推定であろうから，ここでは母平均 μ の推定量 $\overline{X}$ の精度について考えることにしよう．

初めに $\overline{X}$ の分散 $V(\overline{X})$ を求めてみよう．ここで $V(\ )$ は分散を意味し，$V(\overline{X}) = E(\overline{X} - E(\overline{X}))^2 = E(\overline{X} - \mu)^2$ で定義される．まず

$$\begin{aligned}
(\overline{X} - \mu)^2 &= \left\{\frac{1}{n}(x_1 + x_2 + \cdots + x_n) - \mu\right\}^2 \\
&= \frac{1}{n^2}\{(x_1 + x_2 + \cdots + x_n) - n\mu\}^2 \\
&= \frac{1}{n^2}\{(x_1 - \mu) + (x_2 - \mu) + \cdots + (x_n - \mu)\}^2 \\
&= \frac{1}{n^2}[\{(x_1 - \mu)^2 + (x_2 - \mu)^2 + \cdots + (x_n - \mu)^2\} \\
&\quad + 2\{(x_1 - \mu)(x_2 - \mu) + (x_1 - \mu)(x_3 - \mu) + \cdots \\
&\quad + (x_{n-1} - \mu)(x_n - \mu)\}]
\end{aligned}$$
（8．19）

と変形できるので，

$$\begin{aligned}
V(\overline{X}) &= \frac{1}{n^2}[\{E(x_1 - \mu)^2 + E(x_2 - \mu)^2 + \cdots + E(x_n - \mu)^2\} \\
&\quad + 2\{E((x_1 - \mu)(x_2 - \mu)) + E((x_1 - \mu)(x_3 - \mu)) + \cdots \\
&\quad + E((x_{n-1} - \mu)(x_n - \mu))\}]
\end{aligned}$$
（8．20）

となるが，右辺の前半の n 項はすべて $E(x_1-\mu)^2=E(x_2-\mu)^2=\cdots=E(x_n-\mu)^2=\sigma^2$ となり，後半の $\dfrac{n(n-1)}{2}$ 項は8．3．2節と同様に考えるとすべて $\dfrac{2}{N(N-1)}\{(a_1-\mu)(a_2-\mu)+(a_1-\mu)(a_3-\mu)+\cdots+(a_{N-1}-\mu)(a_N-\mu)\}$ となることがわかる．これを代入して煩雑な計算を進めると

$$\begin{aligned}V(\overline{X})&=\frac{1}{n^2}\Big[n\sigma^2+2\cdot\frac{n(n-1)}{2}\cdot\frac{2}{N(N-1)}\{(a_1-\mu)(a_2-\mu)\\&\qquad+(a_1-\mu)(a_3-\mu)+\cdots+(a_{N-1}-\mu)(a_N-\mu)\}\Big]\\&=\frac{1}{n^2}\Big[n\sigma^2+\frac{n(n-1)}{N(N-1)}\{(a_1-\mu)\{(a_2-\mu)+\cdots+(a_N-\mu)\}+\cdots\\&\qquad+(a_N-\mu)\{(a_1-\mu)+\cdots+(a_{N-1}-\mu)\}\}\Big]\\&=\frac{1}{n^2}\Big[n\sigma^2+\frac{n(n-1)}{N(N-1)}\{(a_1-\mu)(\mu-a_1)+\cdots+(a_N-\mu)(\mu-a_N)\}\Big]\\&=\frac{1}{n^2}\Big\{n\sigma^2-\frac{n(n-1)}{N(N-1)}N\sigma^2\Big\}\\&=\frac{N-n}{N-1}\cdot\frac{1}{n}\sigma^2\end{aligned}\qquad(8.21)$$

となることがわかる．

最後の式の $\dfrac{N-n}{N-1}$ は**有限修正項**（finite correction または finite multiplier）と呼ばれる．復元抽出の場合には，標本平均の分散は $V(\overline{X})=\dfrac{1}{n}\sigma^2$ と有限修正項を除いた簡単な形で書ける．表8.4のように，一般に有限修正項の値は1より小さいため非復元抽出の方が分散が小さく，精度の高いことがわかる．ただし標本に比べて母集団が十分大きい場合には有限修正項はほぼ1と考えてもよいから，復元か非復元かはあまり問題にならなくなる．

表8.4　有限修正項の値

n \ N	10	100	1000	10000	100000	1000000
5	0.5556	0.9596	0.9960	0.9996	1.0000	1.0000
10		0.9091	0.9910	0.9991	0.9999	1.0000
100			0.9009	0.9901	0.9990	0.9999
1000				0.9001	0.9900	0.9990
10000					0.9000	0.9900
100000						0.9000

なお $\overline{X}$ の標準誤差 $SD(\overline{X})$ は次のように分散の平方根をとるだけである．$SD(\ )$ は標準誤差を表すが，"SD" は standard deviation の略であろう．

$$SD(\overline{X}) = \sqrt{V(\overline{X})}$$
$$= \sqrt{\frac{N-n}{N-1} \cdot \frac{1}{n} \sigma^2} \qquad (8.22)$$

これらの推定量の精度の中で私たちの感覚と一致するものは標準誤差である．推定量の分散は有限修正項を無視すると n に反比例するので，標準誤差は $\sqrt{n}$ に反比例することになる．つまり標本の大きさ n を 2 倍にしても標準誤差は $\frac{1}{\sqrt{2}}$ にしかならない．これが 6．5．1 節の答えになっている．標本の大きさを 10 と 2 として比べたとき，大きさ 2 の場合の推定量の標準誤差は大きさ 10 の場合の 5 倍になるのではなく，$\sqrt{5} = 2.236$ 倍にしかならないのである．

例 表 8.1 の睡眠時間のデータから母平均を推定した際の精度を求めるが，母分散が 1.495 と既知であるとしよう．実際に既知であることは考えにくいが，この点については次節で説明することにしよう．

母集団の大きさが $N=3938$，標本の大きさが $n=100$ であったから，母平均の推定量 $\overline{X}$ の分散は

$$V(\overline{X}) = \frac{3938-100}{3938-1} \times \frac{1}{100} \times 1.495$$
$$= 0.01457$$

と求められ，標準誤差も

$$SD(\overline{X}) = \sqrt{0.01457}$$
$$= 0.1207$$

と計算される．

8．4．3　母平均の推定量の精度の推定

前節で母平均の不偏推定量である標本平均の精度を考えたが，残念ながら多

くの場合にこの値を計算することはできない．それは式の中に母分散 σ^2 が含まれているためである．母平均を推定する目的で調査を行う場合に，母平均よりも知りにくい母分散が既知であるようなケースは残念ながらほとんど考えられない．

例 ネジを作る工場がある．作られるネジは直径別に数種類あるが，直径 $5mm$ のネジを作ろうとしても誤差が生じるため $5mm$ ちょうどのネジはできず，例えば $5.0072mm$ であったり，$4.9911mm$ であったりする．ただしこの誤差は作るネジの直径には関係せず常に一定で，製造機械の特性から誤差の分散は 1.542×10^{-6} であることがわかっているものとする．いま製造された10万本の $5mm$ のネジの実際の直径を検査するために100本を抜き取り検査で調べたところ標本平均は $4.9998mm$ であった．この推定量の分散は

$$\frac{N-n}{N-1} \cdot \frac{1}{n} \sigma^2 = \frac{100000-100}{100000-1} \times \frac{1}{100} \times 1.542 \times 10^{-6} = 1.540 \times 10^{-8}$$

と求められる．

上のような例は母分散既知の例として用いられることが多いが，このような例を引き合いに出さなければならないこと自体，ほとんどあり得ないことを示していると言えるだろう．ただし前節の議論は単なる机上の空論ではなく，次へ進むベースとしては極めて重要であることを付け加えたい．

母分散が未知の場合には，σ^2 を標本から得られる値で代用しなければならないが，8．3．2節で述べたように標本分散 S^2 を用いてしまうと分散を過小に評価してしまうため，母分散の不偏推定量 $\frac{N-1}{N} \cdot \frac{n}{n-1} S^2$ で置き換えなければならない．このとき推定量 $\overline{X}$ の分散は推定した値であることを考慮し，$\widehat{V}(\overline{X})$ と表すことにする．"^" は推定値であることを示す記号で，推定の度に新しい文字を使うのを避ける意味もある．

$$\widehat{V}(\overline{X}) = \frac{N-n}{N-1} \cdot \frac{1}{n} \cdot \frac{N-1}{N} \cdot \frac{n}{n-1} S^2$$
$$= \frac{N-n}{N} \cdot \frac{1}{n-1} S^2 \qquad (8.23)$$

また標準誤差も次のように求められる．

$$\widehat{SD}(\overline{X}) = \sqrt{\widehat{V}(\overline{X})}$$
$$= \sqrt{\frac{N-n}{N} \cdot \frac{1}{n-1} S^2} \quad (8.24)$$

例 表8.1の睡眠時間のデータから母平均を推定した際の精度を，母分散未知の立場から再び求めてみよう．

$S^2 = 1.475$ であることが既に8.3.2節で求められているので，母平均の不偏推定量である標本平均の分散は

$$\widehat{V}(\overline{X}) = \frac{3938-100}{3938} \times \frac{1}{100-1} \times 1.475$$
$$= 0.01452$$

と，標準誤差は

$$\widehat{SD}(\overline{X}) = \sqrt{0.01452}$$
$$= 0.1205$$

と，それぞれ推定される．

ここまで説明した母平均 μ の推定量 $\overline{X}$ の精度をまとめると次のようになる．

(i) σ^2 が既知のとき

$$\overline{X} \text{の分散}: V(\overline{X}) = \frac{N-n}{N-1} \cdot \frac{1}{n} \sigma^2 \quad (8.25)$$

$$\overline{X} \text{の標準誤差}: SD(\overline{X}) = \sqrt{V(\overline{X})} \quad (8.26)$$

(ii) σ^2 が未知のとき

$$\overline{X} \text{の分散}: \widehat{V}(\overline{X}) = \frac{N-n}{N} \cdot \frac{1}{n-1} S^2 \quad (8.27)$$

$$\overline{X} \text{の標準誤差}: \widehat{SD}(\overline{X}) = \sqrt{\widehat{V}(\overline{X})} \quad (8.28)$$

8.4.4 適切な標本の大きさの決め方

調査ではどの程度の大きさの標本をとるべきかが問題になることがあるが，それを決定する大きな要因は調査の経費と時間である．多くの調査では経費と時間のうち，厳しい方の制限内で調査できるだけの標本をとる場合が多い．しかしこのようにしてとられたデータからは，必ずしも満足できる精度の結果が得られず，調査自体の意味が薄れてしまうこともあり得るだろう．また仮に経費や時間が限られていても，継続的に調査する場合や，いくつかの集団に対して調査を行う場合には，調査回数や調査する集団の数を減らしてでも1つずつの調査の精度を確保した方がよい場合もあるだろう．

このような場合，まず第一にどの程度の精度を必要としているかを事前に決定する必要がある．例えば母分散が既知として，推定量の分散が $V(\overline{X}) \leq c$ でなければならないという条件を考えれば（8.21）式から

$$\frac{N-n}{N-1} \cdot \frac{1}{n} \sigma^2 \leq c \tag{8.29}$$

であるから，n について解けば

$$n \geq \frac{N\sigma^2}{\sigma^2 + (N-1)c} \tag{8.30}$$

となり，この式を満たすような大きさの標本をサンプリングすればよいことがわかる．

一般的には母分散が未知なので，前節のような標本分散を用いた式を用いたいところだが，標本の大きさの決定は調査の前に行わなければならないというもどかしさがある．そのような場合には，まず小さい標本をとり，それから求めた S^2 を元に必要な標本の大きさを決定する方法や，母分散として考えられる最大の値を設定する方法など，多くの対処方法がケースバイケースで考えられる．

8．5　母平均の信頼区間

8．5．1　中心極限定理

　前節では母平均の不偏推定量 $\overline{X}$ の精度として，その分散と標準誤差について考えた．どちらの値とも小さければ精度がよいとは言えるものの，比較する相手がない場合には，その値を見ただけでは判断するのが難しい．この節では推定値と推定量の精度が同時にわかるような**信頼区間**（confidence interval）を考える．そのためには**正規分布**（normal distribution）の助けが必要である．

　まず統計学において最も有名な定理の1つである**中心極限定理**（central limit theorem）を証明なしに紹介しよう．

　中心極限定理　x が平均 μ，分散 σ^2 を持つ確率変数とするとき，大きさ n の標本平均を $\overline{X}$ とすると，確率変数 $z=\dfrac{\overline{X}-\mu}{\dfrac{\sigma}{\sqrt{n}}}$ の分布は n が大きくなるにつれて標準正規分布 $N(0, 1)$ に近づく．

　この定理の意味は，$\overline{X}$ を平均 μ，標準誤差 $\dfrac{\sigma}{\sqrt{n}}$ で**標準化**（standardised）した確率変数 z は，標本が十分大きければ，母集団に相当する確率分布の形に無関係に近似的に標準正規分布に従うと考えてよいということである．しかしこれは，どのような大きさの標本をサンプリングしても母集団がまったく変化しない**無限母集団**（infinite population）についての性質で，実際には母集団に含まれる抽出単位に限りがある**有限母集団**（finite population）であり，$\overline{X}$ の標準誤差が $SD(\overline{X})=\sqrt{\dfrac{N-n}{N-1}\cdot\dfrac{1}{n}\sigma^2}$ となるから，次のように読み換えなければならない．

　母平均が μ，母分散が σ^2 の大きさ N の母集団から大きさ n の標本が非復元単純無作為抽出されたとき，n が十分大きく，N が n と比べて十分大きければ $z=\dfrac{\overline{X}-\mu}{\sqrt{\dfrac{N-n}{N-1}\cdot\dfrac{1}{n}\sigma^2}}$ は近似的に標準正規分布 $N(0, 1)$ に従う．

z の分布がどの程度正規分布で近似されるかは母集団の形にも依存しており，正規分布に近い左右対称の形であれば標本が小さくてもよく近似される．左右対称から大きく歪んだ母集団でも標本の大きさが $n=30$ ないし50程度あれば十分近似されることが知られている．なお母集団はその標本に比べても十分大きくなければならず，少なくとも $N=1000$ 程度は必要と言われる．

8．5．2　母分散が既知の場合の信頼区間

　前節のいくつかの条件が整った場合，$z=\dfrac{\overline{X}-\mu}{\sqrt{\dfrac{N-n}{N-1}\cdot\dfrac{1}{n}\sigma^2}}$ が近似的に標準正規分布 $N(0, 1)$ に従うため，標準正規分布の持つ性質を利用することが可能となる．標準正規分布では，z がある範囲に入る確率の対応表が標準正規分布表（付表A.1，A.2）のように求められている．

　例えば0を中心として左右対称の範囲 $-z_0<z<z_0$ で確率が0.95となるような z_0 の値を求めてみよう．このとき，外側 $z<-z_0$ または $z_0<z$ の確率が0.05となり，片側の部分 $z_0<z$ の確率はその半分の0.025となる．付表A.2よりこの確率（**上側確率**と呼ばれる）に対応する点（**パーセント点**）が $z_0=1.960$ と得られ，範囲が $-1.960<z<1.960$ と求められる．なお，上側確率0.025に対する点を $z_{0.025}$ と表すことにする．

　これまで述べたことを確率の式で表すと

$$P\left\{-1.960<\dfrac{\overline{X}-\mu}{\sqrt{\dfrac{N-n}{N-1}\cdot\dfrac{1}{n}\sigma^2}}<1.960\right\}=0.95 \tag{8.31}$$

となるが，これを $\overline{X}$ について解くと

$$P\left\{\mu-1.960\sqrt{\dfrac{N-n}{N-1}\cdot\dfrac{1}{n}\sigma^2}<\overline{X}<\mu+1.960\sqrt{\dfrac{N-n}{N-1}\cdot\dfrac{1}{n}\sigma^2}\right\}=0.95 \tag{8.32}$$

となり，更に μ について解くと

$$P\left\{\overline{X}-1.960\sqrt{\dfrac{N-n}{N-1}\cdot\dfrac{1}{n}\sigma^2}<\mu<\overline{X}+1.960\sqrt{\dfrac{N-n}{N-1}\cdot\dfrac{1}{n}\sigma^2}\right\}=0.95 \tag{8.33}$$

と書き直すことができる．最後の変形は（8.32）式の左右の不等式が入れ替わっていることに注意してほしい．

（8.33）式は次のように解釈することができる．未知の母平均 μ が**開区間**（open interval）

$$\left(\bar{X} - 1.960\sqrt{\frac{N-n}{N-1} \cdot \frac{1}{n}\sigma^2},\ \bar{X} + 1.960\sqrt{\frac{N-n}{N-1} \cdot \frac{1}{n}\sigma^2}\right) \quad (8.34)$$

に含まれる確率が0.95，すなわち100回に95回の割合で起こる，というものである．例えば，1回しか行わないはずの調査を6.5節のように何度も繰り返し，上の開区間を何度も作ったとすると，およそ95%の開区間が母平均 μ を含んでいると考えてもよい．（8.34）式の開区間を，母平均 μ の**信頼度**（confidence level）0.95（または 信頼度 95%）の**信頼区間**（confidence interval）という．なお開区間とは端の値を含まないような区間を指す．

ところで0.95という数値を使う理由は何だろうと考える人も多いと思う．実は0.95を使わなければならない根拠は何もないが，95%正しいと言われれば，私たちは「まあ信じてもよい」と思う傾向のあることが心理学的に言われており，一般的な調査結果においてはこの程度の信頼度を用いることが多い．もしも信頼度を1，すなわち100%としてしまうと信頼区間は $(-\infty, \infty)$ となってしまい意味を成さなくなり，逆に信頼区間の幅を小さくしようとすれば信頼度も小さくなってしまう．信頼度が0.90程度になると，やや信じがたいと思う人が増えてきてしまうと言われている．

ただ医学などの高い信頼性が求められるような分野では，信頼度として0.99とか0.99999などの数値が用いられることもある．例えば信頼度0.99を使った場合，（8.34）式の1.960に代えて2.576を用いることになる．

一般的な信頼度の信頼区間は次のようになる．母平均 μ の信頼度 $1-\alpha$ の信頼区間は，標準正規分布の上側確率 $\frac{\alpha}{2}$ に対応する点を $z_{\frac{\alpha}{2}}$ とすると

$$\left(\bar{X} - z_{\frac{\alpha}{2}}\sqrt{\frac{N-n}{N-1} \cdot \frac{1}{n}\sigma^2},\ \bar{X} + z_{\frac{\alpha}{2}}\sqrt{\frac{N-n}{N-1} \cdot \frac{1}{n}\sigma^2}\right) \quad (8.35)$$

と書ける．

信頼区間を表示する場合には，その信頼度がどの程度かを必ず明言しなけれ

ばならない．なおこのような区間の形で推定を行う方法を**区間推定**（interval estimation）と呼ぶ．

例 表8.1の睡眠時間のデータから母平均の信頼度 0.95 の信頼区間を求めてみよう．ここでも 8．4．2 節と同様に，母分散 $\sigma^2=1.495$ であることが既知とする．$\overline{X}=6.500$ は既に求まっており，母集団の大きさは $N=3938$，標本の大きさは $n=100$ であった．$\overline{X}$ の標準誤差も 8．4．2 節で既に求めているが，その部分を含めてもう一度計算することにしよう．

信頼区間の 2 つの値の計算は引き算と足し算の違いだけなので，

$$\overline{X} \pm 1.960\sqrt{\frac{N-n}{N-1}\cdot\frac{1}{n}\sigma^2} = 6.500 \pm 1.960\sqrt{\frac{3938-100}{3938-1}\times\frac{1}{100}\times 1.495}$$
$$= 6.50 \pm 0.237$$

と途中まで共通に計算して，後はそれぞれ引き算と足し算を行うと，母平均の信頼度 0.95 の信頼区間は

(6.263, 6.737)

と求められる．同様に信頼度 0.99 の信頼区間を求めると 1.960 を 2.576 に代えるだけであるから

(6.189, 6.811)

と求めることができる．下の信頼区間の方が信頼性がアップした分，その幅も広くなっているが，受け手の印象を想像した場合どちらを用いるべきかという選択は意見が分かれるかも知れない．

8．5．3　母分散が未知の場合の信頼区間

前節の議論は非常にきれいにまとまっていると感じる人も多いだろうが，1 つ大きな落とし穴がある．それは 8．4．3 節で述べたことと同じ矛盾である．

信頼区間を構成する式を見ると母分散 σ^2 が含まれていることに気づくだろう．元々母平均がわからないために推定をしようというときに，母平均よりも

複雑な母分散が既知であるケースはほとんどないということを8．4．3節で説明した．そしてその節では σ^2 をその不偏推定量 $\dfrac{N-1}{N}\cdot\dfrac{n}{n-1}S^2$ で置き換えをすることで対処した．これは S^2 は一般的に σ^2 より小さくなることが多いためであった．信頼区間でも同じ方法で対処することも考えられるが，この不偏推定量は調査の度に変動してしまうため，残念ながらもはや正規分布の性質をそのまま利用することはできなくなってしまう．

この問題には**スチューデントの t 分布**（Student's t-distribution）が大きな手助けをしてくれる．ここで定理を証明なしに述べることにしよう．

定理 x が平均 μ，分散 σ^2 の正規分布に従い，それからとられた大きさ n の標本平均と標本分散をそれぞれ $\overline{X}$，S^2 とする．このとき

$$u = \frac{\overline{X}-\mu}{\dfrac{\sigma}{\sqrt{n}}} \tag{8.36}$$

$$v^2 = \frac{nS^2}{\sigma^2} \tag{8.37}$$

とすると，確率変数

$$\begin{aligned}t &= \frac{\sqrt{n-1}\,u}{v} \\ &= \frac{\sqrt{n-1}\,(\overline{X}-\mu)}{S}\end{aligned} \tag{8.38}$$

は**自由度**（degree of freedom）$n-1$ の t 分布に従う．

これを有限母集団からの非復元抽出に読み換えると，

$$u = \frac{\overline{X}-\mu}{\sqrt{\dfrac{N-n}{N-1}\cdot\dfrac{1}{n}\sigma^2}} \tag{8.39}$$

$$v^2 = \frac{(n-1)\dfrac{N-1}{N}\cdot\dfrac{n}{n-1}S^2}{\sigma^2} \tag{8.40}$$

となるから，

$$t = \frac{\sqrt{n-1}\dfrac{\overline{X}-\mu}{\sqrt{\dfrac{N-n}{N-1}\cdot\dfrac{1}{n}\sigma^2}}}{\sqrt{\dfrac{(n-1)\dfrac{N-1}{N}\cdot\dfrac{n}{n-1}S^2}{\sigma^2}}}$$

$$= \frac{\overline{X}-\mu}{\sqrt{\dfrac{N-n}{N}\cdot\dfrac{1}{n-1}S^2}} \tag{8.41}$$

が自由度 $n-1$ の t 分布に従うと考えてよい．元の分布に正規分布が仮定されているが，母集団が左右対称から大きく歪んでいなければ，標本の大きさが30程度あれば十分よく近似されることがわかっている．

t 分布は左右対称なので，前節と同様に自由度 $n-1$ の t 分布の上側確率 $\dfrac{\alpha}{2}$ に対応する点（付表A.3から読みとってほしい）を $t_{\frac{\alpha}{2}}$ とすると，

$$P\{-t_{\frac{\alpha}{2}} < t < t_{\frac{\alpha}{2}}\} = 1-\alpha \tag{8.42}$$

と書けるから

$$P\left\{-t_{\frac{\alpha}{2}} < \frac{\overline{X}-\mu}{\sqrt{\dfrac{N-n}{N}\cdot\dfrac{1}{n-1}S^2}} < t_{\frac{\alpha}{2}}\right\} = 1-\alpha$$

$$P\left\{\mu - t_{\frac{\alpha}{2}}\sqrt{\dfrac{N-n}{N}\cdot\dfrac{1}{n-1}S^2} < \overline{X} < \mu + t_{\frac{\alpha}{2}}\sqrt{\dfrac{N-n}{N}\cdot\dfrac{1}{n-1}S^2}\right\} = 1-\alpha$$

$$P\left\{\overline{X} - t_{\frac{\alpha}{2}}\sqrt{\dfrac{N-n}{N}\cdot\dfrac{1}{n-1}S^2} < \mu < \overline{X} + t_{\frac{\alpha}{2}}\sqrt{\dfrac{N-n}{N}\cdot\dfrac{1}{n-1}S^2}\right\} = 1-\alpha$$
$$\tag{8.43}$$

と変形できるので，母平均 μ の信頼度 $1-\alpha$ の信頼区間は

$$\left(\overline{X} - t_{\frac{\alpha}{2}}\sqrt{\dfrac{N-n}{N}\cdot\dfrac{1}{n-1}S^2},\ \overline{X} + t_{\frac{\alpha}{2}}\sqrt{\dfrac{N-n}{N}\cdot\dfrac{1}{n-1}S^2}\right) \tag{8.44}$$

と求められる．特に信頼度0.95（95％）の信頼区間は

$$\left(\overline{X} - t_{0.025}\sqrt{\dfrac{N-n}{N}\cdot\dfrac{1}{n-1}S^2},\ \overline{X} + t_{0.025}\sqrt{\dfrac{N-n}{N}\cdot\dfrac{1}{n-1}S^2}\right) \tag{8.45}$$

となる．

この信頼区間には母数はまったく含まれず，いわゆる怪しい数値をまったく必要としないところに強みがある．

例 表8.1の睡眠時間のデータから，母分散が未知の立場で，母平均の信頼度 0.95 の信頼区間を再び求めてみよう．

8．3．1節と8．3．2節で標本平均と標本分散がそれぞれ $\overline{X}=6.500$，$S^2=1.475$ と求まっている．標本の大きさが $n=100$ だったので，自由度 $n-1=99$ の t 分布の上側確率 0.025 に対応する点は $t_{0.025}=1.984$ と求められる（求め方は後に説明する）から，

$$\overline{X} \pm t_{0.025}\sqrt{\frac{N-n}{N} \cdot \frac{1}{n-1}S^2} = 6.500 \pm 1.984\sqrt{\frac{3938-100}{3938} \times \frac{1}{100-1} \times 1.475}$$
$$= 6.500 \pm 0.239$$

より信頼区間は

(6.261, 6.739)

と求められる．

母分散 $\sigma^2=1.495$ に対して，標本平均が $S^2=1.475$，母分散の不偏推定量でも $\frac{3938-1}{3938} \times \frac{100}{100-1} \times 1.475 = 1.490$ と小さい値が得られているにもかかわらず，ここで得られた信頼区間は母分散既知の場合の信頼区間（6.263, 6.737）よりも幅が広くなってしまっている．これは正規分布の 1.960 の値に対して t 分布の 1.984 を用いなければならなかったためである．イメージ的には，母分散が未知だったことを考慮してやや広い幅をとらなければ信頼度を確保できなかったということができる．標本の大きさが小さくなるにつれこの傾向は強くなり，例えば $n=2$ であれば 1.960 に代えて 12.706 を用いなければならなくなる．逆に自由度が∞となったときにやっと正規分布の値 1.960 に一致する．

なお上の例で自由度 99 の t 分布のパーセント点を使ったが，巻末の t 分布表には自由度 99 の値がない．そのような場合には自由度 80 と 120 の点がそれぞれ 1.990，1.980 なので

$$1.990 + \frac{99-80}{120-80} \times (1.980-1.990) = 1.985$$

と**補間** (interpolation) したり，もっとラフに，99 がほぼ 80 と 120 の真ん中と考えて 1.985 としても大きな問題は起きないが，自由度が大きいときの近似式として次のようなものも考案されている．

$$t_{\frac{\alpha}{2}} = z_{\frac{\alpha}{2}} + \frac{1}{4(n-1)}(z_{\frac{\alpha}{2}}^3 + z_{\frac{\alpha}{2}}) + \frac{1}{96(n-1)^2}(5z_{\frac{\alpha}{2}}^5 + 16z_{\frac{\alpha}{2}}^3 + 3z_{\frac{\alpha}{2}})$$
$$+ \frac{1}{384(n-1)^3}(3z_{\frac{\alpha}{2}}^7 + 19z_{\frac{\alpha}{2}}^5 + 17z_{\frac{\alpha}{2}}^3 - 15z_{\frac{\alpha}{2}}) \quad (8.46)$$

$z_{\frac{\alpha}{2}}$ は標準正規分布の上側確率 $\frac{\alpha}{2}$ に対応する点で，信頼度 0.95 の場合には 1.960 となる．上の例ではこの式を用いた．

前節とこの節で説明した信頼区間をもう一度まとめてみよう．

(i) σ^2 が既知のとき

母平均 μ の信頼度 0.95（95%）の信頼区間

$$\left(\overline{X} - 1.960\sqrt{\frac{N-n}{N-1} \cdot \frac{1}{n}\sigma^2},\ \overline{X} + 1.960\sqrt{\frac{N-n}{N-1} \cdot \frac{1}{n}\sigma^2} \right) \quad (8.47)$$

母平均 μ の信頼度 $1-\alpha$ の信頼区間

$$\left(\overline{X} - z_{\frac{\alpha}{2}}\sqrt{\frac{N-n}{N-1} \cdot \frac{1}{n}\sigma^2},\ \overline{X} + z_{\frac{\alpha}{2}}\sqrt{\frac{N-n}{N-1} \cdot \frac{1}{n}\sigma^2} \right) \quad (8.48)$$

(ii) σ^2 が未知のとき

母平均 μ の信頼度 0.95（95%）の信頼区間

$$\left(\overline{X} - t_{0.025}\sqrt{\frac{N-n}{N} \cdot \frac{1}{n-1}S^2},\ \overline{X} + t_{0.025}\sqrt{\frac{N-n}{N} \cdot \frac{1}{n-1}S^2} \right) \quad (8.49)$$

母平均 μ の信頼度 $1-\alpha$ の信頼区間

$$\left(\overline{X} - t_{\frac{\alpha}{2}}\sqrt{\frac{N-n}{N} \cdot \frac{1}{n-1}S^2},\ \overline{X} + t_{\frac{\alpha}{2}}\sqrt{\frac{N-n}{N} \cdot \frac{1}{n-1}S^2} \right) \quad (8.50)$$

8.6 母集団比率の推定

8.6.1 母集団比率と母平均の推定の関係

　前節までは主に母平均の推定について考えたが，当然データとしては量的なデータを扱っていた．調査票を実際に作成してみればよくわかるが，回答として数値を記入してもらう調査項目より，二項選択法や多項選択法のようにカテゴリーを選択してもらうような項目の方が一般的には多いであろう．「先週の日曜日に"サザエさん"を見たか見なかったか」とか，「Jリーグのどのチームのファンか」とか，「現在の内閣を支持するかしないか」などがそれにあたり，回答として質的なデータが得られることになる．

　質的なデータでは2.1.1節のように，"サザエさん"を見ていた世帯などの**比率**または**割合**(proportion)を求めるのが分析の中心であるから，調査でサンプリングされた標本からも，ある属性を持つ抽出単位の母集団比率を推定することが大きな目的となるだろう．

　実は母集団比率の推定と母平均の推定は本質的にはまったく同じなので，母集団比率の推定の議論を一から始める必要はない，と言えば奇妙に思う人も多いだろう．質的データと量的データが同じ土俵に乗るのは不思議なことである．そのためには工夫が必要なのだが，それは非常に小さな工夫である．その点から説明しよう．

　連続型のデータと同様に，大きさ N の母集団の各抽出単位がそれぞれ値

$$a_1, a_2, \cdots, a_N \tag{8.51}$$

を持つと考えるが，これは抽出単位がある属性を持っていれば 1，属性を持っていなければ 0 とするものである．例えば"サザエさん"を視聴したことを属性と考えると，"サザエさん"を見ていれば 1，見ていなければ 0 を便宜上各世帯に与えることになる．この母集団から非復元単純無作為抽出された大きさ $n\,(n<N)$ の標本でも，同様に値

$$x_1, \ x_2, \ \cdots, \ x_n \tag{8.52}$$

を各抽出単位に与えるが，これもある属性を持っていれば1，属性を持っていなければ0とする．

これがたった1つの工夫である．1や0は数字としては意味を持たないが，このように便宜上ある数値をとるような変数を**ダミー変数**（dummy variable）という．

さてこのダミー変数を用いると，ある属性を持つ母集団比率Pは

$$P = \frac{1}{N}(a_1 + a_2 + \cdots + a_N) \tag{8.53}$$

と書くことができる．$a_1, a_2, \cdots, a_N$ はすべて0か1なので $a_1 + a_2 + \cdots + a_N$ は属性を持つ抽出単位の数になり，それを母集団の大きさで割り算すると母集団比率が得られることになる．この(8.53)式は母平均μの式とまったく同じであることに気がついたであろうか．これがダミー変数を用いたことの大きなメリットである．

ある属性を持つ標本比率pも

$$p = \frac{1}{n}(x_1 + x_2 + \cdots + x_n) \tag{8.54}$$

と書くことができて，これも標本平均$\bar{X}$と同じ式になる．したがって，ここから先の議論は平均値の推定のときとまったく同じように進めることができる．例えば標本比率pは母集団比率Pの不偏推定量となる．

例 母集団比率の推定では**テレビ視聴率調査**（television audience research）を例にとって説明しよう．テレビの視聴率は定期，不定期にいくつかの会社や団体が調査を行っているが，その中で私たちが最もよく目にするのは最大手であるビデオリサーチ社の公表している数値であろう．

ビデオリサーチ社では日本にある32の放送エリアすべてで視聴率調査を行っているが，そのうち26の放送エリアにおいてオンラインメーターと呼ばれる自動的に視聴率を測定する機器で調査している．調査世帯は地域ごとに200ないし250が選ばれているが，関東地域だけは600世帯が選ばれており，しかもパッシ

ブピープルメーターと呼ばれる個人別の視聴率を調査する測定機器を用いている．私たちが日頃目にする視聴率はこの関東地域の結果である．視聴率の測定は最小1分刻みで行われ，翌朝，自動的に電話回線を通じてホストコンピュータにデータが転送される仕組みになっている．

調査対象者の選出は10.2節で述べる系統的抽出法によって行われているが，非復元単純無作為抽出と考えてもほとんど問題は起きない．また1つの調査世帯は2年から3年調査されるが，3.4節で説明した**ローテーションサンプリング**が用いられており，毎月少しずつ世帯が入れ替わるようにしている．なおどの世帯を調査しているかは秘密である．

2000年1月30日の"サザエさん"の視聴率が25.2%と発表された．これは関東地域の600世帯を調査して得られた結果なので $n=600$ となり，母集団は関東地区のすべての世帯ということになるだろう．1995年の国勢調査の結果によると関東地区の総世帯数は $N=14595679$ である．

前に述べたようにビデオリサーチ社では番組が放映されている間中，1分間隔で視聴の測定を行っているが，ここでは簡単にその番組を見た見ないという調査結果と考える．またサンプリング法も非復元単純無作為抽出と考えよう．そうすると，公表された25.2%または0.252という比率は"サザエさん"を視聴していた世帯の母集団比率の推定値，すなわち標本比率 p と考えられる．これから逆算すると $600\times0.252\fallingdotseq151$ 世帯が"サザエさん"を視聴していたことになる．

8.6.2 母集団比率の推定量の精度

前節で，ダミー変数を利用すると比率と平均はまったく同じ式で計算されるため，それ以後の議論もまったく同様であると述べたが，これには1つだけ例外がある．それが分散の計算である．

母分散を例にとって説明しよう．ダミー変数 $a_1, a_2, \cdots, a_N$ の分散は量的データと同様に計算されるが，変数それぞれがとり得る0と1は，すべての実数の中で2つだけ同じ性質を持つ数である．それは2乗しても値が変わらないことである．そのためどちらの値をとっても $a_1^2=a_1, a_2^2=a_2, \cdots, a_N^2=a_N$ となる

ため次のような変形ができる．

$$\sigma^2 = \frac{1}{N}(a_1^2 + a_2^2 + \cdots + a_N^2) - P^2$$
$$= \frac{1}{N}(a_1 + a_2 + \cdots + a_N) - P^2$$
$$= P - P^2$$
$$= P(1-P) \qquad (8.55)$$

特に手計算の場合には分散の計算は面倒であるが，この場合には比率がわかれば分散は瞬時に求まってしまう．標本分散も同様にして

$$S^2 = p(1-p) \qquad (8.56)$$

と計算されるが，母分散を推定する際には修正が必要なことは，量的データの場合と同じである．

以上の推定を表8.5にまとめよう．

表8.5　母集団比率の推定

母集団	$a_1, a_2, \cdots, a_N$ $a_i = \begin{cases} 1 & (属性あり) \\ 0 & (属性なし) \end{cases}$	母集団比率 P	母分散 $\sigma^2 = P(1-P)$
		↑不偏推定	↑偏りあり
標本	$x_1, x_2, \cdots, x_n$ $x_i = \begin{cases} 1 & (属性あり) \\ 0 & (属性なし) \end{cases}$	標本比率 p	標本分散 $S^2 = p(1-p)$
			不偏推定
改良した推定量			$\dfrac{N-1}{N} \cdot \dfrac{n}{n-1} p(1-p)$

次に母集団比率Pの不偏推定量である標本比率pの精度について考える．母平均の推定の際には母分散が既知の場合と未知の場合に分けて考えたが，この場合には母集団比率Pが未知であるにもかかわらず母分散$P(1-P)$が既知であることは考えられない．そこで比率の推定では母分散が未知の立場でのみ議論していくことにする．

標本平均 $\overline{X}$ の分散と標準誤差が

$$\widehat{V}(\overline{X})=\frac{N-n}{N}\cdot\frac{1}{n-1}S^2 \qquad (8.57)$$

$$\widehat{SD}(\overline{X})=\sqrt{\widehat{V}(\overline{X})} \qquad (8.58)$$

であったから，標本比率 p の分散と標準誤差は $\overline{X}$ を p に，S^2 を $p(1-p)$ に置き換えるだけでよいので，次のように書くことができる．

$$\widehat{V}(p)=\frac{N-n}{N}\cdot\frac{1}{n-1}p(1-p) \qquad (8.59)$$

$$\widehat{SD}(p)=\sqrt{\widehat{V}(p)} \qquad (8.60)$$

例 "サザエさん"の例を考えよう．

母集団の大きさが $N=14595679$，標本の大きさが $n=600$，また視聴していた標本比率が $p=0.252$ だったから，標本比率の分散と標準誤差は

$$\widehat{V}(p)=\frac{14595679-600}{14595679}\times\frac{1}{600-1}\times 0.252\times(1-0.252)$$

$$=0.0003147$$

$$\widehat{SD}(p)=\sqrt{0.0003147}$$

$$=0.01774 \qquad (8.61)$$

と求められる．これが精度として良いのか悪いのかは，次の節で信頼区間を構成してみればわかるであろう．

なおこの場合には母集団が十分大きいため，$\frac{14595679-600}{14595679}=0.999959$ は 1 と近似してもよいだろう．

8.6.3　母集団比率の信頼区間

ある属性を持つ母集団比率の信頼区間も，母平均の信頼区間と同じように求めることができる．

母平均 μ の信頼度0.95（95％）の信頼区間が

$$\left(\overline{X} - t_{0.025}\sqrt{\frac{N-n}{N} \cdot \frac{1}{n-1}S^2}, \ \overline{X} + t_{0.025}\sqrt{\frac{N-n}{N} \cdot \frac{1}{n-1}S^2}\right) \quad (8.62)$$

であったから，$\overline{X}$ を p に，S^2 を $p(1-p)$ に置き換えると，ある属性を持つ母集団比率 P の信頼度 0.95（95％）の信頼区間は

$$\left(p - t_{0.025}\sqrt{\frac{N-n}{N} \cdot \frac{1}{n-1}p(1-p)}, \ p + t_{0.025}\sqrt{\frac{N-n}{N} \cdot \frac{1}{n-1}p(1-p)}\right)$$
$$(8.63)$$

と求められる．$t_{0.025}$ は自由度 $n-1$ の t 分布の上側確率 0.025 に対する点であった．

また一般に信頼度 $1-\alpha$ の信頼区間も

$$\left(p - t_{\frac{\alpha}{2}}\sqrt{\frac{N-n}{N} \cdot \frac{1}{n-1}p(1-p)}, \ p + t_{\frac{\alpha}{2}}\sqrt{\frac{N-n}{N} \cdot \frac{1}{n-1}p(1-p)}\right)$$
$$(8.64)$$

となる．$t_{\frac{\alpha}{2}}$ は自由度 $n-1$ の t 分布の上側確率 $\frac{\alpha}{2}$ に対応する点である．

例 再び"サザエさん"の例に戻って，母集団比率である視聴率の信頼度 0.95 の信頼区間を求めてみよう．

前節で標本比率の標準誤差が $\widehat{SD}(p) = 0.01774$ と求まっており，これが信頼区間の $\sqrt{\frac{N-n}{N} \cdot \frac{1}{n-1}p(1-p)}$ の部分である．また t 分布の自由度が599だから，(8.46)式から $t_{0.025} = 1.964$ と求められる．なお標本も比較的大きいので自由度 ∞ の 1.960 か，やや控えめに自由度120の 1.970 を用いても問題ないだろう．

$$p \pm t_{0.025}\sqrt{\frac{N-n}{n} \cdot \frac{1}{n-1}p(1-p)} = 0.252 \pm 1.964 \times 0.01774$$
$$= 0.252 \pm 0.0348 \quad (8.65)$$

より，信頼区間は

$$(0.2172, \ 0.2868)$$

または

$$(21.72\%, \ 28.68\%)$$

と求められる．

　この結果を見て幅の広さに驚く人も多いであろう．公表された 25.2% を見たときに私たちが確信を持てるのは10の位で，1の位は多少の誤差を持っていることに注意しなければならない．更に小数第1位はほとんど信頼性がないだろう．

　視聴率調査では母集団と標本の大きさが固定されているため，標本比率である視聴率が決定すると信頼区間は自動的に決定される．表8.6にいくつかの視聴率に対する信頼度 0.95 の信頼区間を示す．

表8.6　視聴率の信頼度0.95の信頼区間

視聴率	信頼区間
10.0%	(7.59%, 12.41%)
20.0%	(16.79%, 23.21%)
30.0%	(26.32%, 33.68%)
40.0%	(36.07%, 43.93%)
50.0%	(45.99%, 54.01%)
60.0%	(56.07%, 63.93%)

　信頼区間の幅は視聴率50.0%のとき最も広くなるが，視聴率が低くなってもそれほど狭くならない方がむしろ問題だろう．視聴率が20.0%を超すような番組は週に数えるほどしかなく，多くの番組の視聴率は10.0%以下だからである．

　ただこの結果はいくつかの単純化を行った場合のもので，ビデオリサーチ社ではやや精度の高くなるような工夫も行っており，これよりは信頼性が高い結果が公表されていることを述べておきたい．また数年前までは関東地域で300世帯しか調査していなかったものを600世帯に増やす努力も行っている．しかしこれを更に数倍に増やすようなことは採算面から困難だとのことである．

　なお番組として"サザエさん"を取り上げたのは，飛び抜けた高視聴率をとることはないものの，数十年にわたって20%あるいはそれ以上の視聴率を維持している定期番組はほかにはなく，そのことに敬意を表したものである．

第9章　検定の方法

9．1　検定の概念

　前章では標本に基づいて母数を点または区間で推定する方法について考えたが，私たちが標本から導き出したいものの中には，「その薬を使うべきかどうか」とか，「考えが正しいか間違っているか」などということがあるかも知れない．このような目標がある場合には，数値を結果として表示するよりも，どちらかを選択すること自体を目標にすべきであろう．その実現に用いる方法が**仮説検定**（test of statistical hypothesis）とか**統計的検定**（statistical test），または簡単に**検定**（test）と呼ばれる方法である．

　検定では必ず**仮説**(hypothesis)をたて，得られた標本からその仮説が正しいか間違っているか，より正確には，間違っているかそうでないかを結論づけることになる．次のような簡単な例を考えよう．

　ここに1個のコインがあるとする．A氏が見るにはそのコインはだいぶ歪んでおり，コイントスをした場合に裏表が同じ確率で出ることに疑いを持ったとしよう．A氏は

　　　帰無仮説H_0：コインは歪んでいない（裏表の出る確率は等しい）

という仮説をたてた．実際に15回コイントスをしてみたところ14回が表で，裏はわずか1回だけだった．

　検定では元になる仮説を**帰無仮説**（null hypothesis）と呼びH_0と表す．これに対して，H_0が正しくないとする仮説を**対立仮説**（alternative hypothesis）と呼びH_1と表す．つまり

　　　対立仮説H_1：コインは歪んでいる（裏表の出る確率は等しくない）

である．そして，帰無仮説 H_0 が正しいときにこのような結果がどの程度起こるかを考えて，もし非常に起こりにくいことが起こっていたとすれば帰無仮説 H_0 を**棄却**（reject）し，そうでなければ帰無仮説 H_0 を**採択**（accept）する．

"棄却する" とは帰無仮説を捨てるという意味で，帰無仮説が間違っていると判断することであるのに対して，"採択する" とは帰無仮説が間違っているとまでは言えないという意味で，私たちが通常使う意味とは異なる．"採択する" はしばしば "棄却されない" とも言い換えられ，この方が誤解を招かない言い方だろう．本書では以後，後者の表現を用いることにしよう．

コインに話を戻すが，裏表の出る確率の等しいコインを投げた場合にどちらかの面が15回中14回以上も出る確率は，表が0回，1回，14回，15回出る確率の和を求めればよいから，7．2．2節の二項分布を用いると，

$$_{15}C_0\left(\frac{1}{2}\right)^0\left(\frac{1}{2}\right)^{15} + {}_{15}C_1\left(\frac{1}{2}\right)^1\left(\frac{1}{2}\right)^{14} + {}_{15}C_{14}\left(\frac{1}{2}\right)^{14}\left(\frac{1}{2}\right)^1 + {}_{15}C_{15}\left(\frac{1}{2}\right)^{15}\left(\frac{1}{2}\right)^0$$
$$= 0.0009766$$

となる．つまり歪んでいないコインをトスしたときには1000回に1回程度しか起きないような極端なケースが起きたと考えることができ，普通は帰無仮説 H_0 を棄却することになるだろう．

9．2　有意水準と検出力

前節の最後に，"普通は" 帰無仮説を棄却することになるだろうと述べたのは，0.0009766 という確率をどう評価するかに関わっているからである．検定ではどの程度起こりにくいことが実際に起これば帰無仮説を棄却するかを事前に決めておく必要があり，その確率を**有意水準**（level of significance）とか**危険率**と呼んでいる．例えば有意水準を0.05（5％）とすると，確率0.0009766はこれよりも小さく，決められた基準では滅多に起こらないことが起こったと判断される．有意水準は別の言い方をすれば，帰無仮説 H_0 が正しいにもかかわらず棄却してしまう確率，つまり歪んでいないコインであるにもかかわらず歪んでいると結論づけてしまう確率を意味している．このような間違いは**第1種**

の過誤（error of the first kind）と呼ばれる．

この誤りの確率を小さくすればよいのではという考えは誰しも持つだろうが，有意水準を0.01，0.001と小さくするにつれ帰無仮説はなかなか棄却されなくなり，有意水準が0.0009766より小さくなってしまうと，このコインでさえ歪んでいないと結論づけられてしまう．そのためどんな歪んだコインでも棄却されない（採択される）ことになる．このような間違い，つまり歪んでいるコインを歪んでいないという間違いは**第2種の過誤**（error of the second kind）と呼ばれ，1からそのような間違いの確率を引いた確率を**検出力**（power）という．

ところで仮に有意水準を決めても，どの場合に帰無仮説を棄却するかについては無数の選択肢がある．例えば15回中4回表が出る確率が0.04166なので，有意水準0.04166として4回表が出る場合に棄却すると決めてもいけないということはない．しかし，このような不自然な棄却方法を設定すると検出力が小さくなってしまう．検定では，第1種の過誤の確率すなわち有意水準を決定した後に，第2種の過誤の確率が最も小さくなるように，すなわち検出力が最も大きくなるように棄却する場所（**棄却域**（critical region））を決めるのが一般的である．

表9.1に判断のパターンを示そう．

表9.1 検定における判断のパターン

	H_0 が正しい	H_1 が正しい
H_0 を棄却する	第1種の過誤	正しい判断
H_0 を棄却しない	正しい判断	第2種の過誤

9.3 平均値の検定

9.3.1 母分散が既知の場合

実は，検定は推定と兄弟のような関係にあるのだが，これは平均値の検定を見ればよくわかる．母平均 μ がある値 μ_0 であることの検定を考えよう．母平均

の推定の際に場合分けしたように，母分散が既知の場合と未知の場合に分けて考えるが，ここでは母分散が既知の場合について説明する．

まず

　　　　帰無仮説 H_0：$\mu = \mu_0$，　　　　対立仮説 H_1：$\mu \neq \mu_0$

とする．母分散 σ^2 が既知の場合．帰無仮説が正しいとすると，8．5．2節で説明したように $Z = \dfrac{\overline{X} - \mu_0}{\sqrt{\dfrac{N-n}{N-1} \cdot \dfrac{1}{n} \sigma^2}}$ は近似的に標準正規分布 $N(0, 1)$ に従うため

$$P\left\{ -1.960 < \frac{\overline{X} - \mu_0}{\sqrt{\dfrac{N-n}{N-1} \cdot \dfrac{1}{n} \sigma^2}} < 1.960 \right\} = 0.95 \qquad (9．1)$$

という性質があった．ただし $\overline{X}$ は大きさ n の標本の標本平均で，N は母集団の大きさである．この不等式の外側を考えると

$$P\left\{ \frac{\overline{X} - \mu_0}{\sqrt{\dfrac{N-n}{N-1} \cdot \dfrac{1}{n} \sigma^2}} < -1.960 \text{ または } 1.960 < \frac{\overline{X} - \mu_0}{\sqrt{\dfrac{N-n}{N-1} \cdot \dfrac{1}{n} \sigma^2}} \right\} = 0.05 \qquad (9．2)$$

と書き直されるが，有意水準 0.05 の場合，平均値の検定ではこれを棄却域とする．すなわち標本平均 $\overline{X}$ が（9．2）の範囲に含まれれば有意水準 0.05 で帰無仮説 H_0 は棄却され，含まれなければ棄却されない．

一般に有意水準 α では，棄却域は

$$\frac{\overline{X} - \mu_0}{\sqrt{\dfrac{N-n}{N-1} \cdot \dfrac{1}{n} \sigma^2}} < -z_{\frac{\alpha}{2}} \text{ または } z_{\frac{\alpha}{2}} < \frac{\overline{X} - \mu_0}{\sqrt{\dfrac{N-n}{N-1} \cdot \dfrac{1}{n} \sigma^2}} \qquad (9．3)$$

となる．ただし $z_{\frac{\alpha}{2}}$ は標準正規分布の上側確率 $\dfrac{\alpha}{2}$ に対する点である．

ところでこの検定法は $\overline{X}$ が μ_0 より極端に大きくなったり小さくなったりした場合に棄却するもので，棄却域が両側にあることから**両側検定** (two-sided test) と呼ばれている．しかし場合によってはどちらか一方の側だけを棄却域にしたい場合もあるだろう．例えば長距離ランナーを多数抱えるある実業団のコーチが，自分のチームの選手たちの 1 万 m のタイムの平均が，すべての実業団に所

属するランナーの平均より小さいかどうかを検定したいと考えたとしよう．この場合に帰無仮説は H_0 は $\mu=\mu_0$ であるものの，対立仮説 H_1 としては $\mu\neq\mu_0$ ではなく，$\mu<\mu_0$ とするべきだろう．このようにどちらか一方の側だけに棄却域を設定する検定法を**片側検定**（one-sided test）と呼ぶ．

例えば対立仮説を

$$H_1 : \mu<\mu_0$$

とした場合の，有意水準 α の棄却域は，（9．3）式から

$$\frac{\overline{X}-\mu_0}{\sqrt{\frac{N-n}{N-1}\cdot\frac{1}{n}\sigma^2}} < -z_\alpha \tag{9．4}$$

と変更することになる．ただし z_α は標準正規分布の上側確率 α に対応する点である．

以後両側検定を中心に説明するが，このような読み換えを行えば，それぞれの側の片側検定に作り直すことができる．

9．3．2 母分散が未知の場合

8．5．3節で見たように，母分散 σ^2 が未知のときには標本分散 S^2 を用いて

$$t=\frac{\overline{X}-\mu}{\sqrt{\frac{N-n}{N}\cdot\frac{1}{n-1}S^2}} \tag{9．5}$$

が自由度 $n-1$ の t 分布に近似的に従うと考えてよかった．

帰無仮説 $H_0 : \mu=\mu_0$，　　対立仮説 $H_1 : \mu\neq\mu_0$

の下で前節と同様にして，有意水準 0.05 の棄却域が

$$\frac{\overline{X}-\mu_0}{\sqrt{\frac{N-n}{N}\cdot\frac{1}{n-1}S^2}} < -t_{0.025} \text{ または } t_{0.025} < \frac{\overline{X}-\mu_0}{\sqrt{\frac{N-n}{N}\cdot\frac{1}{n-1}S^2}}$$
$$\tag{9．6}$$

となり，一般に有意水準 α の棄却域は

$$\frac{\overline{X}-\mu_0}{\sqrt{\frac{N-n}{N}\cdot\frac{1}{n-1}S^2}} < -t_{\frac{\alpha}{2}} \text{ または } t_{\frac{\alpha}{2}} < \frac{\overline{X}-\mu_0}{\sqrt{\frac{N-n}{N}\cdot\frac{1}{n-1}S^2}} \qquad (9.7)$$

となる．ただし $t_{0.025}$, $t_{\frac{\alpha}{2}}$ はそれぞれ自由度 $n-1$ の t 分布の上側確率 0.025, $\frac{\alpha}{2}$ に対する点である．

例 表8.1の睡眠時間のデータをもう一度考えてみよう．
もしこの大学の学生の睡眠時間の母平均 μ について

帰無仮説 H_0：$\mu=6.8$，　　対立仮説 H_1：$\mu\neq6.8$

という仮説をたてたとき，有意水準 0.05 で検定を行ってみる．

まず母分散が 1.495 と既知であるとすると，母集団の大きさが $N=3938$, 標本の大きさが $n=100$, $\overline{X}=6.500$ であったから

$$\frac{\overline{X}-\mu_0}{\sqrt{\frac{N-n}{N-1}\cdot\frac{1}{n}\sigma^2}} = \frac{6.500-6.8}{\sqrt{\frac{3938-100}{3938-1}\times\frac{1}{100}\times1.495}}$$

$$= -2.485 < -1.960$$

となるため，（9.2）式から帰無仮説 H_0 は有意水準 0.05 で棄却される．したがって，この大学の学生の平均睡眠時間は 6.8 時間とは言えないことがわかる．

次に母分散未知の立場で同じ仮説について検定してみよう．自由度 $n-1=100-1$ の t 分布の上側確率 0.025 に対する点が $t_{0.025}=1.984$, また標本分散が $S^2=1.475$ と計算されているので，

$$\frac{\overline{X}-\mu_0}{\sqrt{\frac{N-n}{N}\cdot\frac{1}{n-1}S^2}} = \frac{6.500-6.8}{\sqrt{\frac{3938-100}{3938}\times\frac{1}{100-1}\times1.475}}$$

$$= -2.490 < -1.984$$

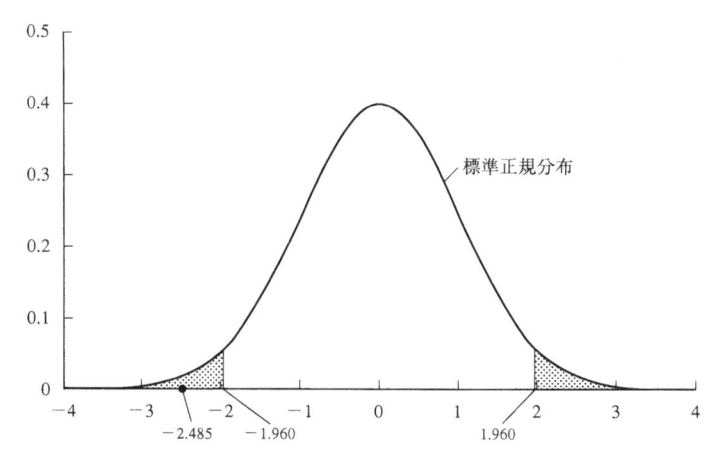

図9.1　睡眠時間が6.8時間であることの検定結果

となるため，この場合も帰無仮説 H_0 は有意水準 0.05 で棄却され，この大学の学生の平均睡眠時間は 6.8 時間とは言えないことがわかる．

9．4　平均値の差の検定

9．4．1　母分散が既知の場合

前節では母平均がある値 μ_0 であることの検定を行ったが，2つの母集団の平均が等しいかどうかに興味があることも多いだろう．

例えば長距離ランナーを多数抱える実業団のコーチが練習の効果を見るために，半分の選手を国内で合宿させ（A グループ），もう半分の選手を海外での高地トレーニングに参加させた（B グループ）としよう．各グループから数人ずつ参加した練習後の競技会での 1 万 m のタイムの両グループの平均をそれぞれ $\bar{X}_A$, $\bar{X}_B$ としたとき，両グループの母平均 μ_A と μ_B とには差があるかどうかを知りたいといったことはしばしば起こることであろう．

ここで定理を証明なしに示す．

定理 2つの母集団からとられた大きさ n_A, n_B の標本の標本平均 $\overline{X}_A$ と $\overline{X}_B$ が独立に正規分布に従うとき，その差 $\overline{X}_A - \overline{X}_B$ は正規分布 $N(\mu_A - \mu_B, \frac{\sigma_A^2}{n_A} + \frac{\sigma_B^2}{n_B})$ に従い，$\dfrac{(\overline{X}_A - \overline{X}_B) - (\mu_A - \mu_B)}{\sqrt{\dfrac{\sigma_A^2}{n_A} + \dfrac{\sigma_B^2}{n_B}}}$ は標準正規分布 $N(0, 1)$ に従う．ただし μ_A, μ_B はそれぞれの母平均で，σ_A^2, σ_B^2 はそれぞれの母分散である．

8．5．1節で見たように，ある程度標本が大きければ，母集団の形によらず標本平均は正規分布に従うと考えてもよい．ただし有限母集団の場合には8．5．1節と同様に $\sqrt{\dfrac{\sigma_A^2}{n_A} + \dfrac{\sigma_B^2}{n_B}}$ を $\sqrt{\dfrac{N_A - n_A}{N_A - 1} \cdot \dfrac{1}{n_A} \sigma_A^2 + \dfrac{N_B - n_B}{N_B - 1} \cdot \dfrac{1}{n_B} \sigma_B^2}$ と置き換えなければならない．

したがって

帰無仮説 $H_0 : \mu_A = \mu_B$，　　対立仮説 $H_1 : \mu_A \neq \mu_B$

の有意水準 0.05 の棄却域は

$$\dfrac{(\overline{X}_A - \overline{X}_B) - (\mu_A - \mu_B)}{\sqrt{\dfrac{N_A - n_A}{N_A - 1} \cdot \dfrac{1}{n_A} \sigma_A^2 + \dfrac{N_B - n_B}{N_B - 1} \cdot \dfrac{1}{n_B} \sigma_B^2}} < -z_{0.025} \text{ または}$$

$$z_{0.025} < \dfrac{(\overline{X}_A - \overline{X}_B) - (\mu_A - \mu_B)}{\sqrt{\dfrac{N_A - n_A}{N_A - 1} \cdot \dfrac{1}{n_A} \sigma_A^2 + \dfrac{N_B - n_B}{N_B - 1} \cdot \dfrac{1}{n_B} \sigma_B^2}} \tag{9.8}$$

となる．一般に有意水準 α の棄却域は $z_{0.025}$ を $z_{\frac{\alpha}{2}}$ と置き換えるだけである．

9．4．2　母分散が未知の場合

2つの母集団の母分散 σ_A^2, σ_B^2 が未知のときの母平均の差の検定は，もし2つの母分散が等しくないと考えられるときには，この節で述べるような方法をとれず厄介である．これは**ベーレンス・フィッシャー（Behrens-Fisher）の問題**と呼ばれ，様々な近似方法が考案され，多くの論争がなされてきた課題である．この問題については他書に譲ることにして，ここでは2つの分散は未知であるものの等しいと考えられる場合に絞って説明しよう．

このとき 8．5．3節と同様の流れによって

$$\frac{\sqrt{n_A+n_B-2}\{(\overline{X}_A-\overline{X}_B)-(\mu_A-\mu_B)\}}{\sqrt{\left(\frac{N_A-n_A}{N_A-1}\cdot\frac{1}{n_A}+\frac{N_B-n_B}{N_B-1}\cdot\frac{1}{n_B}\right)\left(\frac{N_A-1}{N_A}\cdot n_A S_A^2+\frac{N_B-1}{N_B}\cdot n_B S_B^2\right)}}$$
(9．9)

が，近似的に自由度 n_A+n_B-2 の t 分布に従うことが言え，

$\qquad$ 帰無仮説 $H_0: \mu_A=\mu_B$, $\qquad$ 対立仮説 $H_1: \mu_A\neq\mu_B$

の有意水準 0.05 の両側検定の棄却域は

$$\frac{\sqrt{n_A+n_B-2}(\overline{X}_A-\overline{X}_B)}{\sqrt{\left(\frac{N_A-n_A}{N_A-1}\cdot\frac{1}{n_A}+\frac{N_B-n_B}{N_B-1}\cdot\frac{1}{n_B}\right)\left(\frac{N_A-1}{N_A}\cdot n_A S_A^2+\frac{N_B-1}{N_B}\cdot n_B S_B^2\right)}}<-t_{0.025}$$

または

$$t_{0.025}<\frac{\sqrt{n_A+n_B-2}(\overline{X}_A-\overline{X}_B)}{\sqrt{\left(\frac{N_A-n_A}{N_A-1}\cdot\frac{1}{n_A}+\frac{N_B-n_B}{N_B-1}\cdot\frac{1}{n_B}\right)\left(\frac{N_A-1}{N_A}\cdot n_A S_A^2+\frac{N_B-1}{N_B}\cdot n_B S_B^2\right)}}$$
(9．10)

となる．有意水準が一般の α の場合の棄却域は $t_{0.025}$ を $t_{\frac{\alpha}{2}}$ と置き換えるだけである．

例 表8.1の睡眠時間のデータを再び考えるが，ここでもう1つの母集団を考える．

表9.2は，315人の学生が在籍しているある通信制大学の学生から非復元無作為抽出で14人を選んで平日の睡眠時間を調査した結果である．

まずこの標本から標本平均と標本分散を求めると，$\overline{X}=7.036$, $S^2=1.159$ となる．ここで表8.1の元の母集団を A，表9.2の元の母集団を B とする．ここで母分散は未知であるものの等しいと仮定して，

$\qquad$ 帰無仮説 $H_0: \mu_A=\mu_B$, $\qquad$ 対立仮説 $H_1: \mu_A\neq\mu_B$

を有意水準 0.05 で検定することにする．まず自由度 $n_A+n_B-2=100+14-2$

表9.2　平日の睡眠時間（通信制大学の学生）

睡眠時間	人数
3時間	0
3時間30分	0
4時間	0
4時間30分	0
5時間	1
5時間30分	0
6時間	4
6時間30分	1
7時間	1
7時間30分	2
8時間	3
8時間30分	2
9時間	0
9時間30分	0
合計	14

$=112$ の t 分布の上側確率 0.025 に対する点が $t_{0.025}=1.981$ と（8．46）式から求められるので

$$\frac{\sqrt{n_A+n_B-2}(\overline{X}_A-\overline{X}_B)}{\sqrt{\left(\frac{N_A-n_A}{N_A-1}\cdot\frac{1}{n_A}+\frac{N_B-n_B}{N_B-1}\cdot\frac{1}{n_B}\right)\left(\frac{N_A-1}{N_A}\cdot n_A S_A^2+\frac{N_B-1}{N_B}\cdot n_B S_B^2\right)}}$$

$$=\frac{\sqrt{100+14-2}(6.500-7.036)}{\sqrt{\left(\frac{3938-100}{3938-1}\times\frac{1}{100}+\frac{315-14}{315-1}\times\frac{1}{14}\right)\left(\frac{3938-1}{3938}\times 100\times 1.475+\frac{315-1}{315}\times 14\times 1.159\right)}}$$

$$=-1.585>-1.981$$

となり，（9．10)式から帰無仮説 H_0 は有意水準 0.05 で棄却されず，2つの母集団の平日の睡眠時間に差があるとは言えないことが結論として得られる．

9.5 χ^2 検定

9.5.1 適合度の検定

ここまで見てきた平均値に関するいくつかの検定法は確かに推定によく似ており，逆に言えば目新しいものはあまり登場しなかったとも言えるだろう．その意味では，この節で説明する**適合度の検定**（test of goodness of fit）は検定独特の雰囲気のある方法で，応用できる身近なデータも多いだろう．

まず次の例を見てみよう．

例 表9.3は日本のプロ野球で通算ホームラン数の記録を持つ王貞治（選手）の年別ホームラン数である．このうち1962年から1977年は1975年を除いてセ・リーグのホームラン王となっている．まだ一本足打法と呼ばれる打撃フォームが完成していなかった最初の3年間は極端にホームラン数は少なく，それ以後も多少の変動のあることがわかる．この変動は偶然なのかそうでないかを判断するのに用いるのが適合度の検定である．

表9.3 王貞治選手の年別ホームラン数

年	59	60	61	62	63	64	65	66	67	68	69	70
本数	7	17	13	38	40	55	42	48	47	49	44	47

年	71	72	73	74	75	76	77	78	79	80
本数	39	48	51	49	33	49	50	39	33	30

まず

帰無仮説 H_0：毎年ホームランを打つ技量は同じである
対立仮説 H_1：毎年ホームランを打つ技量は同じでない

と仮説をたて，次のような表を作ってみる．

表9.4の"O"は**観測度数**（observed frequency）を意味し，"E"は**期待度数**（expected frequency）を意味している．期待度数は帰無仮説を数値で表現し

表9.4 ホームラン数の観測度数と期待度数

年	59	60	61	62	63	64	65	66	67	68	69	70
O	7	17	13	38	40	55	42	48	47	49	44	47
E	39.45	39.45	39.45	39.45	39.45	39.45	39.45	39.45	39.45	39.45	39.45	39.45

	71	72	73	74	75	76	77	78	79	80	合計
	39	48	51	49	33	49	50	39	33	30	868
	39.45	39.45	39.45	39.45	39.45	39.45	39.45	39.45	39.45	39.45	868

たものであり，39.45 は 868 を年数の22で割った値である．もし帰無仮説が正しければ，毎年のホームラン数が 39.45 に近い値になるだろうし，正しくなければこの値から上下にばらつくことが予想される．実際のホームラン数がこの程度離れることが偶然と言えるかどうかを調べることになる．

ここまでのことを理論的にまとめてみよう．

適合度の検定では，k 個の可能な結果 C_1, C_2, $\cdots$, C_k に対して，観測度数が x_1, x_2, $\cdots$, x_k と得られた場合に，それが期待度数 e_1, e_2, $\cdots$, e_k から生み出されたかどうかを検定するものである．

表9.5 観測度数と期待度数

	C_1	C_2	$\cdots$	C_k	合計
O	x_1	x_2	$\cdots$	x_k	n
E	e_1	e_2	$\cdots$	e_k	n

ここで

帰無仮説 H_0：母集団の各結果になる確率が $\dfrac{e_1}{n}$, $\dfrac{e_2}{n}$, $\cdots$, $\dfrac{e_k}{n}$
対立仮説 H_1：H_0 でない

とする．逆に言えば帰無仮説に最もふさわしい度数が期待度数である．

もし帰無仮説が正しければ，観測度数 x_1, x_2, $\cdots$, x_k は次のような**多項分布**（multinomial distribution）に従う．

$$f(x_1,x_2,\cdots,x_k)=\frac{n!}{x_1!x_2!\cdots x_k!}\left(\frac{e_1}{n}\right)^{x_1}\left(\frac{e_2}{n}\right)^{x_2}\cdots\left(\frac{e_k}{n}\right)^{x_k} \qquad (9.11)$$

ただし $x_1+x_2+\cdots+x_k=n$ である．

この分布を利用して検定を行うことも不可能ではないが，確率変数 x_1, x_2, $\cdots$, x_k の数が通常は多いため，現実には困難である．そこで次のような定理の結果を用いて検定を行うのが一般的である．（証明は省略する．）

定理 上に述べた状況の下で，確率変数

$$\chi^2=\frac{(x_1-e_1)^2}{e_1}+\frac{(x_2-e_2)^2}{e_2}+\cdots+\frac{(x_k-e_k)^2}{e_k} \qquad (9.12)$$

の分布は，n が大きくなるにつれ自由度 $k-1$ の χ^2 分布に近づく．

このように χ^2 分布（χ-square distribution）を利用した検定を総称して χ^2 検定（χ-square test）という．正規分布や t 分布と異なり，χ^2 分布は 0 以上の値しかとらない．（9.12）式を見ると，x_i が e_i と比べて大きくなっても小さくなっても $\frac{(x_i-e_i)^2}{e_i}$ の値は大きくなり χ^2 の値も大きくなることがわかる．つまり帰無仮説にとって理想的な度数からずれるほど χ^2 の値が大きくなるため，棄却域を χ^2 の値の大きい側，すなわち分布の右側にとることになる．

有意水準 0.05 で検定を行う場合には，自由度 $k-1$ の χ^2 分布の上側確率 0.05 に対する点を $\chi^2_{0.05}$ とするとき，棄却域は

$$\chi^2_{0.05}<\chi^2 \qquad (9.13)$$

となる．有意水準が一般の α の場合には，$\chi^2_{0.05}$ に代えて χ^2_α を用いればよい．$\chi^2_{0.025}$ や $\chi^2_{\frac{\alpha}{2}}$ を用いるのではないことに注意してほしい．これらの値は付表 A.4 から読みとれる．

再び例に戻ろう．

例 表 9.4 を元にして，有意水準 0.05 で検定してみよう．χ^2 が自由度 $22-1=21$ の χ^2 分布に従うので，上側確率 0.05 に対する点を巻末の χ^2 分布表から求めると $\chi^2_{0.05}=32.671$ となる．次に χ^2 の値を計算すると

$$\chi^2 = \frac{(7-39.45)^2}{39.45} + \frac{(17-39.45)^2}{39.45} + \cdots + \frac{(30-39.45)^2}{39.45}$$
$$= 88.189 > 32.671$$

となり，帰無仮説 H_0 は有意水準 0.05 で棄却され，毎年ホームランを打つ技量は同じでないと結論づけられる．

ただし，王選手がホームラン王を最初に獲得した1962年以降の19年間について，同様の検定を行うと，自由度 $19-1=18$ の χ^2 分布の上側確率 0.05 に対する点が $\chi^2_{0.05}=28.869$ であるのに対して，$\chi^2=19.976<28.869$ となり，帰無仮説 H_0 は有意水準 0.05 で棄却されない．したがって1962年以降についてはホームランを打つ技量は同じでないとは言えないと結論づけられる．

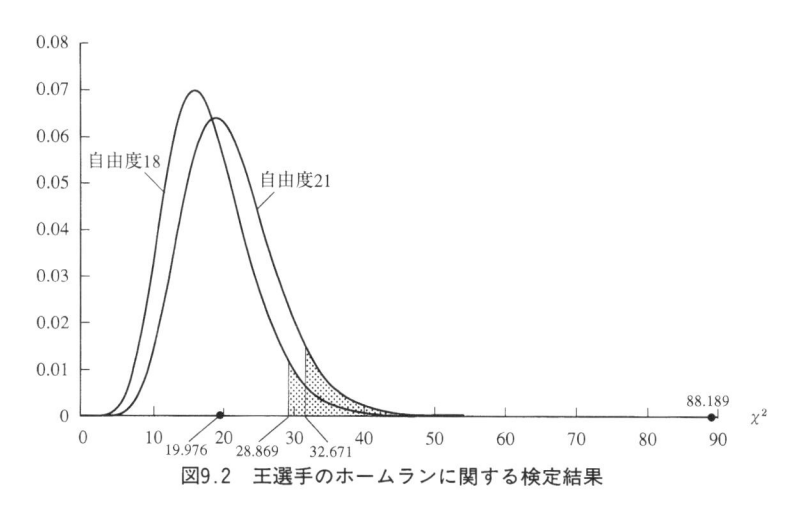

図9.2 王選手のホームランに関する検定結果

9．5．2 適合度の検定におけるいくつかの注意

次の例を考えよう．

例 あるサイコロを300回ふったときに，各目の出た回数が表9.6のようになった．このサイコロが歪んでいるかどうか有意水準 0.05 で検定することにしよう．

表9.6　サイコロの各目の出た回数

目	1	2	3	4	5	6	合計
回数	62	56	64	41	38	39	300

帰無仮説 H_0：サイコロは歪んでいない
対立仮説 H_1：サイコロは歪んでいる

表9.7　観測度数と期待度数

目	1	2	3	4	5	6	合計
O	62	56	64	41	38	39	300
E	50	50	50	50	50	50	300

自由度 $6-1=5$ の χ^2 分布の上側確率 0.05 に対する点が $\chi^2_{0.05}=11.071$ となり，χ^2 の値は

$$\chi^2 = \frac{(62-50)^2}{50} + \frac{(56-50)^2}{50} + \cdots + \frac{(39-50)^2}{50}$$
$$= 14.440 > 11.071$$

と計算され，有意水準 0.05 で帰無仮説 H_0 は棄却される．このサイコロは歪んでいる．

もし最初の各目の回数が

表9.8　サイコロの各目の出た回数

目	1	2	3	4	5	6	合計
回数	53	45	50	48	49	55	300

であれば $\chi^2=1.280<11.071$ となり，有意水準 0.05 で帰無仮説 H_0 は棄却されない．このサイコロは歪んでいるとは言えない．

この例を眺めると，いくつかの疑問が出てくるかも知れない．

その1つは，サイコロが歪んでいるかどうかを検定する際に，帰無仮説とし

て「サイコロが歪んでいる」とすべきか「サイコロが歪んでいない」とすべきかという疑問である．その答えは，期待度数がただ1つに決められる方を選ぶべきということである．サイコロが歪んでいなければ，期待度数として合計回数を6で割った数を唯一の候補として選べるのに対して，サイコロが歪んでいるとすればいろいろな歪み方があり，期待度数を決定できなくなってしまう．イメージ的には図9.3のように，サイコロの目の出方の無数にあるパターンのうち，歪んでいないものはただ1つであるのに対して，歪んでいるのはそれ以外のすべてと考えてもよいだろう．

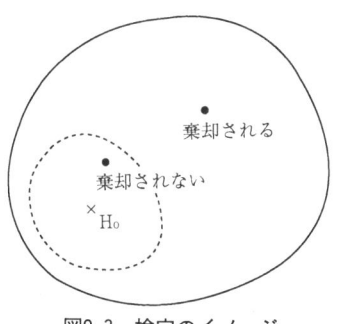

図9.3 検定のイメージ

もう1つの疑問は結論の言い回しである．χ^2の値が大きければ帰無仮説は棄却され，「歪んでいる」と結論づけられるのはわかりやすいが，χ^2の値が小さければ帰無仮説が棄却されず，結論も「歪んでいるとは言えない」という回りくどい言い方になるのはなぜだろう．

図9.3を見よう．歪んでいないサイコロの期待度数から観測度数が基準以上に遠ければ棄却し，歪んでいると判断できるのに対し，観測度数がいくら歪んでいないサイコロに近いといっても，その周辺はすべて歪んだサイコロのパターンで占められており，歪んでいないと肯定的には結論づけられないのである．仮に観測度数がすべて50回ずつであったとしても，わずかに歪んだサイコロがたまたまそのような結果を作ったことを否定できず，歪んでいないとは言い切れない．

表9.9に帰無仮説の語尾が肯定形，否定形のとき，帰無仮説が棄却された場合

とされない場合の結論の語尾をまとめよう．

表9.9 検定の結論の語尾

帰無仮説 H_0	〜である	〜でない
棄却される	〜でない	〜である
棄却されない	〜でないとは言えない	〜であるとは言えない

この節で述べた注意点は χ^2 検定に共通のもので，次節の方法にもそのまま適用することができる．

9.5.3 分割表における独立性の検定

ここでもまず次の例を見ることにしよう．

例 インフルエンザの2種類のワクチンの効果の違いを確かめるために，60人ずつにそれぞれのワクチンを接種した結果，次のようになった．

表9.10 インフルエンザのワクチンの効果

	インフルエンザにかかった	インフルエンザにかからなかった	合計
ワクチンA	24	36	60
ワクチンB	16	44	60
合計	40	80	120

この2種類のワクチンの効果には違いがあるのだろうか．ないのだろうか．

このような問題を解決する方法が分割表における独立性の検定である．**分割表** (contingency table) とは，表9.11のように縦横に2個以上ずつの数値の並んだ表で，並ぶ数を含めて $m \times k$ 分割表ということもある．上の例は 2×2 分割表を扱う問題である．横に並ぶ数字を**行** (row)，縦に並ぶ数字を**列** (column) と呼ぶことにして，行の数値の合計を例えば $x_1.$，列の数値の合計を例えば $x_{\cdot 1}$ のように表すことにする．

分割表における**独立性** (independence) の検定とは，縦に並ぶ分類と横に並ぶ分類が独立であるかどうか，別の言い方をすれば無関係かどうかを検定する

表9.11 $m \times k$ 分割表

	C_1	C_2	$\cdots$	C_k	合計
B_1	x_{11}	x_{12}	$\cdots$	x_{1k}	$x_{1\cdot}$
B_2	x_{21}	x_{22}	$\cdots$	x_{2k}	$x_{2\cdot}$
$\vdots$	$\vdots$	$\vdots$	$\ddots$	$\vdots$	$\vdots$
B_m	x_{m1}	x_{m2}	$\cdots$	x_{mk}	$x_{m\cdot}$
合計	$x_{\cdot 1}$	$x_{\cdot 2}$	$\cdots$	$x_{\cdot k}$	n

もので，帰無仮説としては必ず「独立である」という立場をとらなければならない．

このとき期待度数は，**周辺度数**（marginal frequency）と呼ばれる右側と下側の合計の数値を固定しておいて，各行または各列の数値の比が等しくなるように合計を配分するように決められる．正確には i 番目の行の j 番目の列の期待度数 e_{ij} は，$x_{i\cdot} \cdot \dfrac{x_{\cdot j}}{n}$ または $x_{\cdot j} \cdot \dfrac{x_{i\cdot}}{n}$ と決められるが，わかりにくければ後の例を参考にしていただきたい．

表9.12 $m \times k$ 分割表の観測度数と期待度数

	C_1	C_2	$\cdots$	C_k	合計
B_1	$x_{11}(e_{11})$	$x_{12}(e_{12})$	$\cdots$	$x_{1k}(e_{1k})$	$x_{1\cdot}$
B_2	$x_{21}(e_{21})$	$x_{22}(e_{22})$	$\cdots$	$x_{2k}(e_{2k})$	$x_{2\cdot}$
$\vdots$	$\vdots$	$\vdots$	$\ddots$	$\vdots$	$\vdots$
B_m	$x_{m1}(e_{m1})$	$x_{m2}(e_{m2})$	$\cdots$	$x_{mk}(e_{mk})$	$x_{m\cdot}$
合計	$x_{\cdot 1}$	$x_{\cdot 2}$	$\cdots$	$x_{\cdot k}$	n

計算された期待度数は表9.12のように（ ）の中に示すのが一般的である．このとき次のような性質がある．（証明は省略する．）

定理 上に述べた状況の下で，確率変数

$$\chi^2 = \frac{(x_{11}-e_{11})^2}{e_{11}} + \frac{(x_{12}-e_{12})^2}{e_{12}} + \cdots + \frac{(x_{mk}-e_{mk})^2}{e_{mk}} \tag{9.14}$$

の分布は，n が大きくなるにつれ自由度 $(m-1)(k-1)$ の χ^2 分布に近づく．

有意水準 0.05 で検定を行う場合には，自由度 $(m-1)(k-1)$ の χ^2 分布の上

側確率 0.05 に対する点を $\chi^2_{0.05}$ とすれば，棄却域は

$$\chi^2_{0.05} < \chi^2 \qquad (9.15)$$

となり，有意水準が一般に α の場合には，$\chi^2_{0.05}$ に代えて χ^2_α を用いることになる．

再びインフルエンザの例に戻ろう．

例

帰無仮説 H_0：ワクチンの効果に違いがない
対立仮説 H_1：ワクチンの効果に違いがある

と仮説をたて，有意水準 0.05 で検定してみよう．

分割表9.10から期待度数を求める．ワクチン A を接種したがインフルエンザにかかった部分の期待度数は $60 \cdot \frac{40}{120} = 20$，インフルエンザにかからなかった部分の期待度数は $60 \cdot \frac{80}{120} = 40$ と計算される．これはワクチン A を接種した人数の60を，下側の周辺度数の比 40：80＝1：2 に配分したと考えてもよい．例えば列について同様の計算をして，ワクチン A を接種したがインフルエンザにかかった部分の期待度数を $40 \cdot \frac{60}{120} = 20$ と計算してもよい．

表9.13 期待度数の計算

	インフルエンザにかかった	インフルエンザにかからなかった	合計
ワクチンA	24 (20)	36 (40)	60
ワクチンB	16 (20)	44 (40)	60
合計	40	80	120

自由度 $(2-1)(2-1)=1$ の χ^2 分布の上側確率 0.05 に対する点が $\chi^2_{0.05} = 3.841$ となるが，

$$\chi^2 = \frac{(24-20)^2}{20} + \frac{(36-40)^2}{40} + \frac{(16-20)^2}{20} + \frac{(44-40)^2}{40}$$
$$= 2.400 < 3.841$$

となり，帰無仮説 H_0 は有意水準 0.05 で棄却されず，ワクチンの効果に違いがあるとは言えないということになる．

適合度の検定でも，分割表における独立性の検定でも，5以下程度の小さな度数がある場合は χ^2 分布の近似が不十分なため，補正を行う必要がある．これを避ける簡単な方法は，いくつかの分類を併合してすべてを5より大きな度数にすることである．

第10章　より複雑なサンプリング法

10.1　世論調査のサンプリング法

次のタイトルは2000年1月31日付の朝日新聞朝刊の一面トップ記事である．このころは自由民主党，自由党，公明党の3党の連立の是非が盛んに問われていた時期であった．

> 内閣支持39%に下落
> 「連立よい」最低20%

これは内閣の支持・不支持を含んだ政治に関する世論調査の結果の一部である．このような調査は新聞各社や各テレビ局，一部の調査機関などでも定期的に行われているが，その多くの場合には調査方法も公開されている．次の内容は上の記事の最後の部分である．

「全国の有権者から選挙人名簿で2000人を選び，電話番号の判明した1576人に，29日から30日にかけて電話で調査し，1163人から回答を得た．対象者の選び方は層化無作為二段抽出法．電話番号判明者に対する有効回答率は74%，最初に抽出した2000人に対する有効回答率は58%．回答者の内訳は男性48%，女性52%．」

本書のこれまでの内容でほとんどの部分は理解できるであろうが，"層化無作為二段抽出法"の"層化"と"二段"という用語はここで初めて登場したものである．この方法は多くの世論調査で用いられている．

これまでサンプリング法としては無作為抽出法の中で最も基本的な単純無作為抽出法だけを考えてきた．これは母集団全体から，どの標本の組もまったく

同じ確率でサンプリングされるものであったが，大規模の調査では必ずしもよい方法とは言えない．例えば母集団が全国の有権者の場合，母集団を都道府県にあらかじめ分けておき，各都道府県から決められた大きさの標本をサンプリングする方が効率的であろう．それでも大変であれば，更に市町村などに分けてもよいだろう．

この章では単純無作為抽出以外のこのような無作為抽出の工夫について考えていく．

10.2　単純無作為抽出以外のサンプリング法

まず例を示しながらいくつかのサンプリング法を紹介しよう．

層化抽出法（stratified sampling）
　母集団をあらかじめいくつかの**層**（stratum）と呼ばれるグループに分けておき，各層から決められた大きさの標本をサンプリングする方法である．層に分けることを**層化**（stratification）または**層別**という．

　例　全国の有権者が母集団のとき，母集団を小選挙区に層化しておいて，各選挙区から数人ずつをサンプリングする．

二段抽出法（two-stage sampling）
　母集団をあらかじめ多数の**第1次抽出単位**（first-stage sampling unit）と呼ばれる小グループに分けておき，まずその中から決められた大きさの第1次抽出単位をサンプリングする．第1次抽出単位は**第2次抽出単位**（second-stage sampling unit）と呼ばれる更に小さい単位で構成されており，サンプリングされた第1次抽出単位から決められた大きさの第2次抽出単位をそれぞれサンプリングする方法である．調査する地域や集団などがある程度限定されるため，単純無作為抽出よりも効率的な調査が行える利点がある．

　例　ある小選挙区の有権者が母集団のとき，母集団を投票所別に小さな地域

に分けておく．これを第1次抽出単位とする．まずいくつかの小地域をサンプリングした後で，選ばれた小地域から数人ずつをサンプリングする．

多段抽出法（multi-stage sampling）
　二段抽出法の拡張であり，抽出単位を何段にも構成し，第1次抽出単位，第2次抽出単位，第3次抽出単位，…と段ごとにサンプリングを行う方法である．二段抽出法も含まれる．

　例　全国の世帯が母集団のとき，第1次抽出単位として都道府県，第2次抽出単位として市町村，更に第3次抽出単位として世帯を設定し，まずいくつかの都道府県をサンプリングし，その中からいくつかの市町村をサンプリングし，更にその中からいくつかの世帯をサンプリングする．

集落抽出法（cluster sampling）
　母集団をあらかじめ**集落**（cluster）と呼ばれるグループに分けておき，その集落を単位としてサンプリングする．選ばれた集落の抽出単位についてはすべてについて調査を行う．この方法が二段抽出法と異なるのは，選ばれた集落についてはすべて調査する点である．調査する地域などは完全に限定されるため，調査は大幅に効率化される反面，どの集落が選ばれるかが結果に大きく影響する欠点もある．

　例　ある市においてコンビニエンスストアを調査する場合，市全体をA町1丁目などの小地域に分けておき，その中からいくつかの地域をサンプリングする．そして，その地域にあるストアはすべてについて調査を行う．

系統的抽出法（systematic sampling）
　何らかの意味で系統的にサンプリングをする方法の総称である．名簿から等間隔で個人などを選んだり，地図上で等間隔に調査地点を選ぶ方法がある．スタートポイントを乱数で決めれば，後は自動的に決定される利点がある．

例 ある会社に勤務する人から抽出率 $\frac{1}{100}$ でサンプリングする場合，名簿上でスタートポイントを 1〜100 の間で選び，その後は100番ごとの人をサンプリングする．例えば最初の人が51番目であれば，以後151, 251, 351, …番目の人を調査することになる．

この節の初めの朝日新聞の調査方法は，上の層化抽出法と二段抽出法を併用したものであった．

これらの方法は前述したようにサンプリングしやすくするために考案されたものがほとんどであるが，推定の精度を改善するために考えられたもの，更にはその両方の目的を持つものがある．特に層化抽出法は精度の面で極めて優れたサンプリング法である．次節からこの方法について考えてみよう．

10．3　層化無作為抽出法による母平均の推定

10．3．1　層化無作為抽出法について

母集団をあらかじめいくつかの層に分け，各層から独立に決められた大きさの標本を無作為抽出する方法を**層化無作為抽出法** (stratified random sampling) という．各層内では単純無作為抽出を行うが，それを層の数だけ繰り返すと考えてもよい．層化無作為抽出法では層内をできるだけ同質に，異なる層をできるだけ異質にすると精度の上がることが知られているが，必ずサンプリングする前に層化を行っておかなければならない．ここでいくつかの定義をしておこう．

まず母集団を L 個の層に分け，これらを第1層，第2層，…，第 L 層と呼ぶことにする．母集団の第 i 層の大きさを N_i，母平均を μ_i，母分散を σ_i^2 と層の番号を添え字とする．ただし

$$N_1 + N_2 + \cdots + N_L = N \tag{10.1}$$

とする．

各層から独立に非復元無作為抽出を行うが，標本でも同様に第 i 層の大きさ

を n_i,標本平均を $\overline{X}_i$,母分散を S_i^2 とする.ここでも

$$n_1+n_2+\cdots+n_L=n \tag{10.2}$$

とする.

これに加えて母集団の第 i 層の比率を $w_i=\dfrac{N_i}{N}$ としておく.N_i の合計が N だから

$$w_1+w_2+\cdots+w_L=1 \tag{10.3}$$

である.

以上のことをまとめると表10.1のようになる.

表10.1 層化無作為抽出法で用いる記号

		第1層	第2層	⋯	第 L 層
母集団	大きさ	$N_1(w_1)$	$N_2(w_2)$	⋯	$N_L(w_L)$
	平均	μ_1	μ_2		μ_L
	分散	σ_1^2	σ_2^2		σ_L^2
		↓	↓		↓
標本	大きさ	n_1	n_2	⋯	n_L
	平均	$\overline{X}_1$	$\overline{X}_2$		$\overline{X}_L$
	分散	S_1^2	S_2^2		S_L^2

10.3.2 母平均の推定とその精度

層化無作為抽出された標本から,母集団全体の平均 μ を推定するときには推定量

$$\overline{X}_{st}=w_1\overline{X}_1+w_2\overline{X}_2+\cdots+w_L\overline{X}_L \tag{10.4}$$

を用いることになる."st"は層化を意味している.この推定量は不偏推定量であるが,その説明は次の節で行うことにする.各層の標本平均にその層の母集団の比率をかけるのは,大きな層の結果を重視していることになり,これは私

たちの直感とも合っている．

d_1, d_2 を確率変数，c_1, c_2 を定数とするとき，d_1 と d_2 が独立であれば $V(c_1 \cdot d_1 + c_2 \cdot d_2) = c_1^2 V(d_1) + c_2^2 V(d_2)$ という性質があり，これを利用すると，$\overline{X}_1$, $\overline{X}_2$, ..., $\overline{X}_L$ が独立であるから，推定量 $\overline{X}_{st}$ の分散は

$$
\begin{aligned}
V(\overline{X}_{st}) &= V(w_1 \overline{X}_1 + w_2 \overline{X}_2 + \cdots + w_L \overline{X}_L) \\
&= w_1^2 V(\overline{X}_1) + w_2^2 V(\overline{X}_2) + \cdots + w_L^2 V(\overline{X}_L)
\end{aligned} \quad (10.5)
$$

と分散の和で表すことができる．ここで1つずつの層におけるサンプリングは単純無作為抽出だから，例えば第1層の分散は

$$
V(\overline{X}_1) = \frac{N_1 - n_1}{N_1 - 1} \cdot \frac{1}{n_1} \sigma_1^2 \quad (10.6)
$$

と書け，結局推定量の分散は

$$
\begin{aligned}
V(\overline{X}_{st}) = &w_1^2 \frac{N_1 - n_1}{N_1 - 1} \cdot \frac{1}{n_1} \sigma_1^2 + w_2^2 \frac{N_2 - n_2}{N_2 - 1} \cdot \frac{1}{n_2} \sigma_2^2 + \cdots \\
&+ w_L^2 \frac{N_L - n_L}{N_L - 1} \cdot \frac{1}{n_L} \sigma_L^2
\end{aligned} \quad (10.7)
$$

となることがわかる．

推定量 $\overline{X}_{st}$ の標準誤差も，以前と同様に

$$
SD(\overline{X}_{st}) = \sqrt{V(\overline{X}_{st})} \quad (10.8)
$$

となる．

これらの計算はやや面倒なので，次の例が参考となるだろう．

例 ある大学の商学部には700人の3年生がいるが，そのうち200人が体育会系のサークルに所属している．この学部の学生が1週間にどの程度の時間スポーツをしているかを推定するために，体育会系のサークルに所属している学生から55人，それ以外の学生から135人を非復元無作為抽出して，最近1週間にスポーツをした時間を30分刻みで答えてもらったところ，表10.2のような結果となった．これから母平均 μ を推定してみよう．

まず体育会系に所属している学生を第1層，それ以外の学生を第2層とする

表10.2 最近1週間にスポーツをした時間

	体育会系 所属学生	その他の 学生
0時間	10	80
0時間30分	1	9
1時間	3	19
1時間30分	1	7
2時間	6	4
2時間30分	2	3
3時間	3	3
3時間30分	1	0
4時間	3	3
4時間30分	1	0
5時間	5	0
5時間30分	0	1
6時間	0	3
7時間	1	0
8時間	1	1
10時間	2	0
12時間	3	0
12時間30分	1	0
14時間	0	1
15時間	2	1
18時間	7	0
25時間	1	0
28時間	1	0
合計	55	135

と，母集団の大きさが $N_1=200$，$N_2=500$，標本の大きさが $n_1=55$，$n_2=135$ であり，母集団の比率が $w_1=\dfrac{200}{700}=0.286$，$w_2=\dfrac{500}{700}=0.714$ と計算される．

次に各層の標本平均を求めると

$$\overline{X}_1=\frac{1}{55}(0\times10+0.5\times1+\cdots+28\times1)=6.700$$

$$\overline{X}_2=\frac{1}{135}(0\times80+0.5\times9+\cdots+15\times1)=0.970$$

となるので，母平均の推定値は

$$\overline{X}_{st} = 0.286 \times 6.700 + 0.714 \times 0.970 = 2.607$$

と求められる．この推定値は母集団の人数比の分だけ体育会系に所属していない学生の標本平均に寄っていることがわかるだろう．

次に推定量の精度を求めてみよう．（10．7）式を用いて分散を求めるためには各層の母分散が必要であるが，単純無作為抽出法のときに説明したように一般には未知である．ここでは仮に $\sigma_1^2 = 50.00$, $\sigma_2^2 = 5.00$ であることが既知として計算してみよう．

（10．7）式と（10．8）式にすべての値を代入すると

$$V(\overline{X}_{st}) = 0.286^2 \times \frac{200-55}{200-1} \times \frac{1}{55} \times 50.00 + 0.714^2 \times \frac{500-135}{500-1} \times \frac{1}{135} \times 5.00$$
$$= 0.0679$$
$$SD(\overline{X}_{st}) = \sqrt{0.0679}$$
$$= 0.261$$

と計算される．

10．3．3　単純無作為抽出法による推定との精度の比較

前節の精度は母分散が既知でなければ求めることはできず，標本があまり大きくない場合の実用的な価値は低いものの，母分散が未知の場合のステップになるとともに，様々な状況を想定した試算のためには利用価値は高い．層化無作為抽出法は単純無作為抽出法と比較してやや手間がかかるため，結果が単純無作為抽出法よりも劣るようであれば利用する意味はなくなってしまう．そのため調査を行う前に，母数として適当に予想した値を用いてでも，単純無作為抽出法の推定量と層化無作為抽出法の推定量の精度を比較した方がよい．

ところで表10.1のように各層の母数がわかっている場合，母集団全体の母平均と母分散はどのように表されるのだろうか．まずこの点を考えてみよう．

第 i 層の母集団の抽出単位の値を $a_{i,1}$, $a_{i,2}$, $\cdots$, a_{i,N_i} とする．最初の添え字は層の順番を，2番目の添え字は層内の順番を表すものである．母平均はこの定義を用いて変形していくと

$$\begin{aligned}
\mu &= \frac{1}{N}\{(a_{1,1}+a_{1,2}+\cdots+a_{1,N_1})+(a_{2,1}+a_{2,2}+\cdots+a_{2,N_2})+\cdots \\
&\quad +(a_{L,1}+a_{L,2}+\cdots+a_{L,N_L})\} \\
&= \frac{N_1}{N}\cdot\frac{1}{N_1}(a_{1,1}+a_{1,2}+\cdots+a_{1,N_1})+\frac{N_2}{N}\cdot\frac{1}{N_2}(a_{2,1}+a_{2,2}+\cdots \\
&\quad +a_{2,N_2})+\cdots+\frac{N_L}{N}\cdot\frac{1}{N_L}(a_{L,1}+a_{L,2}+\cdots+a_{L,N_L}) \\
&= w_1\mu_1+w_2\mu_2+\cdots+w_L\mu_L
\end{aligned}$$
(10. 9)

と書くことができる．この式の形は母平均の推定量の（10．4）式とよく似ていることに気がつくかも知れない．推定量 $\overline{X}_{st}$ が母平均の不偏推定量であることは

$$\begin{aligned}
E(\overline{X}_{st}) &= E(w_1\overline{X}_1+w_2\overline{X}_2+\cdots+w_L\overline{X}_L) \\
&= w_1 E(\overline{X}_1)+w_2 E(\overline{X}_2)+\cdots+w_L E(\overline{X}_L) \\
&= w_1\mu_1+w_2\mu_2+\cdots+w_L\mu_L \\
&= \mu
\end{aligned}$$
(10. 10)

と簡単に証明することができる．

母分散についても同様の変形の結果，次のように各層の母分散と母平均，全体の母平均とで表すことができる．

$$\sigma^2 = w_1\sigma_1^2+w_2\sigma_2^2+\cdots+w_L\sigma_L^2 \\
+w_1(\mu_1-\mu)^2+w_2(\mu_2-\mu)^2+\cdots+w_L(\mu_L-\mu)^2$$
(10. 11)

これらの関係を用いれば，もし各層内の母数しかわからない場合でも母分散 σ^2 を求めることができる．母集団全体から単純無作為抽出された大きさ n の標本からの推定量 $\overline{X}$ の分散が

$$V(\overline{X}) = \frac{N-n}{N-1}\cdot\frac{1}{n}\sigma^2$$
(10. 12)

であったので，$V(\overline{X}_{st})$ と $V(\overline{X})$ とを比較することによって，層化無作為抽出法が単純無作為抽出法と比較してどの程度優れているかを試算することも可能である．次の例で説明しよう．

第10章 より複雑なサンプリング法

例 前節のスポーツ時間の調査のように $N_1=200$, $N_2=500$, $n_1=55$, $n_2=135$ とする．また 2 つの層の母分散を $\sigma_1^2=50.00$, $\sigma_2^2=5.00$ としたときに，2 層の母平均 μ_1 を 0 から 7，μ_2 を 5 から 9 の間で動かした場合の組み合わせを考えてみよう．（$\mu_1=0$ となることは，この場合はあり得ない．）

例えば $\mu_1=0$, $\mu_2=5$ のとき，上のようにして

$$\mu = 0.286 \times 0 + 0.714 \times 5 = 3.571$$
$$\sigma^2 = 0.286 \times 50.00 + 0.714 \times 5.00 + 0.286 \times (0-3.571)^2 + 0.714 \times (5-3.571)^2$$
$$= 22.959$$

となるので，単純無作為抽出法の場合の推定量の分散は

$$V(\overline{X}) = \frac{700-190}{700-1} \times \frac{1}{190} \times 22.959 = 0.0882$$

と求められる．層化無作為抽出法の場合の推定量の分散は母平均と無関係に，前の例で求めたように $V(\overline{X}_{st})=0.0679$ である．

表10.3に母平均の組み合わせに対する推定量の分散の比 $\dfrac{V(\overline{X}_{st})}{V(\overline{X})}$ を示そう．

表10.3　$\dfrac{V(\overline{X}_{st})}{V(\overline{X})}$ の値

μ_1 \ μ_2	5	6	7	8	9
0	0.7701	0.7015	0.6347	0.5719	0.5142
1	0.8371	0.7701	0.7015	0.6347	0.5719
2	0.8978	0.8371	0.7701	0.7015	0.6347
3	0.9468	0.8978	0.8371	0.7701	0.7015
4	0.9789	0.9468	0.8978	0.8371	0.7701
5	0.9901	0.9789	0.9468	0.8978	0.8371
6	0.9789	0.9901	0.9789	0.9468	0.8978
7	0.9468	0.9789	0.9901	0.9789	0.9468

比の値が 1 であれば単純無作為抽出法と層化無作為抽出法の推定量の精度が等しく，値が 1 より小さければ層化無作為抽出法の精度の方が優れていることを意味するため，この結果はすべて層化無作為抽出法を支持していることになる．ただしその値は 2 つの層の母平均の値が近いか遠いかによって決まること

がわかる．層化抽出法の説明のときに述べたように，調査項目に関する性質が層ごとに異なるほど層化の効果が高いということがこの結果からよくわかる．

推定量の分散は標本の大きさにほぼ反比例するので，表10.3の比は単純無作為抽出法の精度で満足するならば，層化無作為抽出法の方がどの程度標本が小さくてもよいかという数値と解釈することもできる．例えば $\mu_1=0$，$\mu_2=5$ のときの数値が 0.7701 なので，単純無作為抽出法で大きさ100の標本をサンプリングしたときの精度に，層化無作為抽出法で大きさ77の標本をサンプリングしたときの精度が匹敵することになり，サンプリング法の改善は調査のコストの削減にもつながることがわかる．

表10.3のような検討は，母分散や各層からサンプリングする標本の大きさも変化させながら行うこともできる．実は上の比の値がすべて 1 より小さいのは，各層の標本の大きさを適切に決めたからで，もし不適切な決め方をすると，値は 1 よりも大幅に大きくなることもあり得る．この点について10．5節で考えることにしよう．

10．3．4　母平均の推定量の精度の推定

単純無作為抽出法のときにもそうであったが，母平均の推定量 $\overline{X}_{st}$ の分散や標準誤差の中には各層の母分散が含まれているため，実際に計算することはできない．標本が十分に大きい場合には近似的に用いることも可能だが，普通は標本分散を用いた不偏推定量で置き換えた方がよいだろう．前に述べたように，各層においては単純無作為抽出と同じサンプリングが行われているので，置き換え方もまた同様である．

$$\widehat{V}(\overline{X}_{st}) = w_1^2 \frac{N_1-n_1}{N_1} \cdot \frac{1}{n_1-1} S_1^2 + w_2^2 \frac{N_2-n_2}{N_2} \cdot \frac{1}{n_2-1} S_2^2 + \cdots$$
$$+ w_L^2 \frac{N_L-n_L}{N_L} \cdot \frac{1}{n_L-1} S_L^2 \qquad (10.13)$$

$$\widehat{SD}(\overline{X}_{st}) = \sqrt{\widehat{V}(\overline{X}_{st})} \qquad (10.14)$$

例　再びスポーツ時間の調査に戻ろう．

$N_1=200$，$N_2=500$，$n_1=55$，$n_2=135$，$w_1=0.286$，$w_2=0.714$ で，調査結

果から各層の標本平均が $\overline{X}_1=6.700$, $\overline{X}_2=0.970$ と求まっていた．更に各層の標本分散が $S_1^2=51.524$, $S_2^2=4.762$ と計算されるので，

$$\widehat{V}(\overline{X}_{st}) = 0.286^2 \times \frac{200-55}{200} \times \frac{1}{55-1} \times 51.524$$
$$+ 0.714^2 \times \frac{500-135}{500} \times \frac{1}{135-1} \times 4.762$$
$$= 0.0697$$
$$\widehat{SD}(\overline{X}_{st}) = \sqrt{0.0697}$$
$$= 0.264$$

と求められる．

10．4　サンプリング実験

6．5節でA市にある全書店80店を母集団として，単純無作為抽出された書籍Bの最近1週間の販売数の標本から，標本平均や標本分散を多数回計算する実験を行った．特に標本平均は母平均の不偏推定量になっていて，その値を数直線上にプロットしてみると推定量の精度を視覚的に認識することができた．ここでは層化無作為抽出された標本から母平均の不偏推定量を計算することを50回繰り返して，6．5．1節の結果と比較してみよう．

表6.2のデータで，80店のうち★印のついたものは従業員規模の大きな書店であった．従業員規模が大きければ最近1週間の書籍Bの販売冊数が多いとは必ずしも言い切れないものの，その傾向は大きいことが推測される．したがって従業員規模の大きい書店を第1層，小さい書店を第2層とすると，層内は比較的同質で，2つの層は比較的異質になるため，よい層化が行われていると考えられる．表10.4に層化した状態を示しているが，"旧番号"は表6.2の番号で，"新番号"は層ごとに1番から番号を付け直したものである．乱数表を利用する場合にはこの方が利用しやすい．

第1層から3店，第2層から7店の合計10店を層化無作為抽出することにしよう．乱数は2桁ずつとることになるが，乱数表のスタートポイントを決めた

表10.4 80書店の従業員規模による層化

第1層			第2層								
新番号	旧番号	冊数	新番号	旧番号	冊数	新番号	旧番号	冊数	新番号	旧番号	冊数
1	3	22	1	1	7	21	29	5	41	56	2
2	4	5	2	2	3	22	30	4	42	57	7
3	6	13	3	5	4	23	32	6	43	59	31
4	14	36	4	7	8	24	33	1	44	60	10
5	15	21	5	8	6	25	36	5	45	61	2
6	20	1	6	9	24	26	38	7	46	62	8
7	22	75	7	10	18	27	39	8	47	63	4
8	28	83	8	11	5	28	40	3	48	65	9
9	31	30	9	12	4	29	41	19	49	66	6
10	34	13	10	13	7	30	42	10	50	67	8
11	35	1	11	16	6	31	43	4	51	68	17
12	37	17	12	17	8	32	44	4	52	70	2
13	45	37	13	18	3	33	46	9	53	71	5
14	48	22	14	19	19	34	47	18	54	72	8
15	51	1	15	21	11	35	49	0	55	75	18
16	58	12	16	23	20	36	50	8	56	76	5
17	64	28	17	24	5	37	52	6	57	77	5
18	69	18	18	25	3	38	53	4	58	78	8
19	73	23	19	26	4	39	54	9	59	79	9
20	74	33	20	27	10	40	55	12	60	80	5

結果，下の81になったとしよう．

81 05 13 33 26 13 73 86 76 46 52 48 25 55 61 24
55 04 78 23 07 88 44 57 89 89 32 75 80 37 33 95…

まず第1層から3店をサンプリングするが，第1層には20店しか含まれないため，例えば最初の81のように21～99と00の乱数は捨てることにする．また非復元抽出であるから6番目の13のように同じ層内で2度以上選ばれた乱数も捨てることにする．このようにすると，第1層の新番号として5, 13, 4番目の書店がサンプリングされることになる．第2層についても引き続き乱数を選び，61以上と00の乱数を捨てることにすると，表10.5のように2層の販売冊数が得られることになる．

表10.5 標本として選ばれた書店と販売数

第1層		第2層	
新番号	冊数	新番号	冊数
5	21	23	6
13	37	7	18
4	36	44	10
		57	5
		32	4
		37	6
		33	9

これから，まず2つの層の標本平均を求めると，

$$\overline{X}_1 = \frac{1}{3}(21+37+36) = 31.333$$

$$\overline{X}_2 = \frac{1}{7}(6+18+10+5+4+6+9) = 8.286$$

と求められる．母集団の各層の比率が $w_1 = \frac{20}{80} = 0.25$，$w_2 = \frac{60}{80} = 0.75$ となるので，母平均 μ の推定値は

$$\overline{X}_{st} = 0.25 \times 31.333 + 0.75 \times 8.286 = 14.048$$

と計算される．母平均が12.21であったから，10店しかサンプリングしない割には近い値が得られた．

上の一連の操作を50回繰り返し，6．5．1節で行った10店の単純無作為抽出の結果と共に，推定値を数直線上にプロットしてみる．上が単純無作為抽出，下が層化無作為抽出した結果だが，層化無作為抽出法の方が母平均の近くに集まっている様子が読みとれるだろう．

この実験を実際に行ってみるとよくわかるが，層化無作為抽出法では従業員規模の大きな書店，すなわち比較的書籍Bが売れた書店から3店を必ずサンプリングし，あまり売れなかった書店から7店を必ずサンプリングするため，推定値はその間である母平均に近づくのは直感的に明らかだろう．これに対して単純無作為抽出では，たまたまよく売れた書店やあまり売れなかった書店だけ

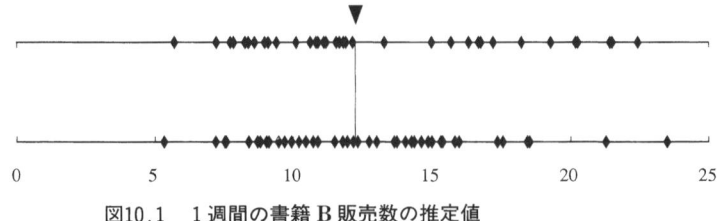

図10.1　1週間の書籍B販売数の推定値
（上：単純無作為抽出，下：層化無作為抽出）

がまとまってサンプリングされてしまう可能性があるため，推定値の散らばりが大きいのは当然だろう．

　魔法のような層化無作為抽出だが，よい層化が行われて初めてその威力が発揮される．この場合も従業員規模という重要な情報があったから行うことができたのであって，常に効果的な層化が行えるわけではない．また2つの層からそれぞれ大きさ3と7の標本をサンプリングしたが，これが不適切だとむしろ層化無作為抽出法の結果が悪くなることもあり得る．

10.5　層化無作為抽出における標本配分法

　前節の例では層化無作為抽出法は単純無作為抽出法よりも精度の面で優れていたが，それが常には成り立たないことは前に述べた通りである．良し悪しには多くの要因が絡んでいるが，どのように層化するかということと共に，各層からどの程度の大きさの標本をサンプリングするかも決定的な要因である．後者の決め方を**標本配分法**(sample allocation)または簡単に**配分法**(allocation)と呼ぶ．

　その決め方は多いが，現在よく用いられているのは次のような方法である．

比例配分法 (proportional allocation)

$$n_i = w_i n \tag{10.15}$$

母集団の各層の大きさに比例して標本の大きさを決める方法で，最も自然な

標本配分法である．すなわち多くの抽出単位が含まれる層からは大きい標本を，少ない層からは小さい標本をサンプリングする方法で，実際は上の式の値に最も近い整数を用いることになる．比例配分法を用いた場合に $N_i-1 \fallingdotseq N_i$ と近似すると，その推定量の精度は単純無作為抽出法の推定量の精度よりも必ず優れていることが証明できる．

例 1週間のスポーツ時間の調査では，$w_1=0.286$，$w_2=0.714$ であったから，もし合計で大きさ190の標本をサンプリングしようとすると，各層の標本の大きさは

$$n_1 = 0.286 \times 190 = 54.29 \fallingdotseq 54$$
$$n_2 = 0.714 \times 190 = 135.71 \fallingdotseq 136$$

と決められる．このとき推定量の分散は $V(\overline{X}_{st})=0.0691$ となる．実際の調査では $n_1=55$，$n_2=135$ としていたから，ほぼ比例配分法を用いたと考えられる．

等配分法（equal allocation）

$$n_i = \frac{n}{L} \tag{10.16}$$

名前の通り，どの層からも同じ大きさの標本をサンプリングする方法で，母集団の比率が未知の場合や，各層の母平均の推定の精度も維持したい場合に用いるとよい．最も簡単な標本配分法である反面，推定量の精度が単純無作為抽出法の推定量よりも大幅に悪化する恐れもあり，その利用には注意が必要である．

例 スポーツ時間の調査では $n_1=n_2=95$ とすることになり，このとき $V(\overline{X}_{st})=0.0445$ となる．この場合は比例配分法よりも精度が高い．

ネイマン配分法（Neyman allocation）

$$n_i = \frac{w_i \sigma_i}{w_1 \sigma_1 + w_2 \sigma_2 + \cdots + w_L \sigma_L} \cdot n \tag{10.17}$$

この標本配分法はネイマン（Jerzy Neyman）が考案した方法（それ以前に

既に考案者のいたことが後に判明した)で,すべての標本配分法の中で推定量の精度が最も高いことが証明されている.しかしその利用のためには母標準偏差が既知である必要があり,実際にはこのまま利用することのできない欠点がある.もし母標準偏差が未知であっても各層におけるその比がわかれば,便宜上その値を代入しても計算は可能である.ネイマン配分法は層に含まれる抽出単位が多いほど,また層内のばらつきが大きいほど,大きな標本をサンプリングしようというもので,これは私たちの生活にも生かせる考え方と言えるだろう.

例 スポーツ時間の調査で,2つの層の母標準偏差が $\sigma_1 = \sqrt{50.00} = 7.071$,$\sigma_2 = \sqrt{5.00} = 2.236$ と既知であれば,

$$n_1 = \frac{0.286 \times 7.071}{0.286 \times 7.071 + 0.714 \times 2.236} \times 190 = 106.11 \fallingdotseq 106$$
$$n_2 = n - n_1 = 190 - 106 = 84$$

となり,このとき推定量の分散は $V(\overline{X}_{st}) = 0.0435$ と等配分法よりも更に小さくなる.

上の3つの例では,どの標本配分法の推定量も単純無作為抽出法と比較して精度が高かったが,等配分法がこれほど高くなったのは幸運というほかはない.それに対してネイマン配分法は順当な結果を出しているものの,その決定には各層の未知である母標準偏差が必要なため,実際の調査ではあまり用いられていない.しかし必ずしもネイマン配分法そのものを用いる必要はなく,比例配分法からの改善に用いることも可能である.例えば第1層の母標準偏差が第2層の値の2倍以上であることが確実であれば,便宜上 $\sigma_1 = 2$,$\sigma_2 = 1$ を用いると,

$$n_1 = \frac{0.286 \times 2}{0.286 \times 2 + 0.714 \times 1} \times 190 = 84.44 \fallingdotseq 84$$
$$n_2 = n - n_1 = 190 - 84 = 106$$

と計算され,推定量の分散は $V(\overline{X}_{st}) = 0.0473$ と比例配分法よりも大幅に改善される.

10．6　層化無作為抽出法に基づく母平均の信頼区間

10．6．1　母分散が既知の場合

この節では各層の母分散 σ_i^2 が既知の場合の母平均 μ の信頼区間を考えてみよう．8．5．1節で述べた中心極限定理を各層に適用すると，$\overline{X}_i$ が近似的に平均 μ_i，分散 $\dfrac{N_i-n_i}{N_i-1}\cdot\dfrac{1}{n_i}\sigma_i^2$ の正規分布に従うことが言える．

ここでもう1つ定理を証明なしに紹介しよう．

定理　$x_1, x_2, \cdots, x_k$ がそれぞれ平均 $\mu_1, \mu_2, \cdots, \mu_k$，分散 $\sigma_1^2, \sigma_2^2, \cdots, \sigma_k^2$ の正規分布に独立に従うとき，変数 $c_1 x_1 + c_2 x_2 + \cdots + c_k x_k$ は平均 $c_1\mu_1 + c_2\mu_2 + \cdots + c_k\mu_k$，分散 $c_1^2\sigma_1^2 + c_2^2\sigma_2^2 + \cdots + c_k^2\sigma_k^2$ の正規分布に従う．

前述した性質に上の定理を応用すると，推定量 $\overline{X}_{st}$ が平均 $\mu = w_1\mu_1 + w_2\mu_2 + \cdots + w_L\mu_L$，分散 $V(\overline{X}_{st}) = w_1^2 \dfrac{N_1-n_1}{N_1-1}\cdot\dfrac{1}{n_1}\sigma_1^2 + w_2^2 \dfrac{N_2-n_2}{N_2-1}\cdot\dfrac{1}{n_2}\sigma_2^2 + \cdots + w_L^2 \dfrac{N_L-n_L}{N_L-1}\cdot\dfrac{1}{n_L}\sigma_L^2$ の正規分布に近似的に従うことがわかる．したがって標準誤差 $SD(\overline{X}_{st}) = \sqrt{V(\overline{X}_{st})}$ を用いると単純無作為抽出法のときと同じようにして

$$P\left\{-1.960 < \frac{\overline{X}_{st}-\mu}{SD(\overline{X}_{st})} < 1.960\right\} = 0.95 \tag{10.18}$$

となるから，母平均 μ の信頼度 0.95 の信頼区間は

$$(\overline{X}_{st} - 1.960\, SD(\overline{X}_{st}),\ \overline{X}_{st} + 1.960\, SD(\overline{X}_{st})) \tag{10.19}$$

と求められ，信頼度 $1-\alpha$ の信頼区間は

$$(\overline{X}_{st} - z_{\frac{\alpha}{2}} SD(\overline{X}_{st}),\ \overline{X}_{st} + z_{\frac{\alpha}{2}} SD(\overline{X}_{st})) \tag{10.20}$$

となる．ただし $z_{\frac{\alpha}{2}}$ は標準正規分布の上側確率 $\dfrac{\alpha}{2}$ に対する点である．

例　再度，学生の1週間のスポーツ時間調査に戻り，母平均の信頼度 0.95 の信頼区間を求めてみよう．

10．3．2節で求めた

$$\overline{X}_{st} = 2.607$$
$$SD(\overline{X}_{st}) = 0.261$$

を用いると,

$$\overline{X}_{st} \pm 1.960 SD(\overline{X}_{st}) = 2.607 \pm 1.960 \times 0.261$$
$$= 2.607 \pm 0.511$$

と計算されるから信頼区間は

(2.097, 3.118)

と求められる．

10.6.2 母分散が未知の場合

層化無作為抽出法によって標本がとられた場合に，各層の母分散が未知のときの母平均の信頼区間は最近まで正確には求められていなかった．これは単純無作為抽出のように t 分布に従う統計量が簡単に得られなかったことに原因があった．いくつかの条件をおいたときに次のような定理が得られる．(証明は省略する．)

定理 各層が正規分布で標本配分法としてネイマン配分法が用いられた場合，統計量

$$\sqrt{\frac{n-L}{n}} \cdot \frac{\overline{X}_{st} - \mu}{\widehat{SD}(\overline{X}_{st})} \tag{10.21}$$

は自由度 $n-L$ の t 分布に従う．

この定理の正規分布の条件については，分布の形が左右対称から大きく歪まない限り大きな問題はなく，標本配分法についても比例配分法などの常識的な方法であれば問題のないことがわかっている．なお分布の歪みが大きく，標本配分法も不適切な場合には**ブートストラップ法**（bootstrap method）を用いなければならない．ブートストラップ法は得られた標本から副標本と呼ばれるものを多数回（数百回から数万回程度）復元抽出する方法で，いわば標本を母集

団と見立ててそこからサンプリング実験を行うものである．その詳細については他書を参照していただきたい．

上の定理と説明から，母平均の信頼度 0.95 の信頼区間は

$$\left(\overline{X}_{st} - t_{0.025}\sqrt{\frac{n}{n-L}}\widehat{SD}(\overline{X}_{st}),\ \overline{X}_{st} + t_{0.025}\sqrt{\frac{n}{n-L}}\widehat{SD}(\overline{X}_{st})\right) \quad (10.22)$$

と求められ，信頼度 $1-\alpha$ の信頼区間は

$$\left(\overline{X}_{st} - t_{\frac{\alpha}{2}}\sqrt{\frac{n}{n-L}}\widehat{SD}(\overline{X}_{st}),\ \overline{X}_{st} + t_{\frac{\alpha}{2}}\sqrt{\frac{n}{n-L}}\widehat{SD}(\overline{X}_{st})\right) \quad (10.23)$$

である．ただし $t_{0.025}$，$t_{\frac{\alpha}{2}}$ はそれぞれ自由度 $n-L$ の t 分布の上側確率 0.025，$\frac{\alpha}{2}$ に対する点である．

例 スポーツ時間の例で，母分散が未知の立場でもう一度母平均の信頼度 0.95 の信頼区間を求めてみよう．

$\overline{X}_{st}=2.607$ と，10．3．4 節で求めた

$$\widehat{SD}(\overline{X}_{st})=0.264$$

を用いる．また t 分布の自由度が $n-L=190-2=188$ より（8．46）式を用いて $t_{0.025}=1.973$ と計算されるから

$$\overline{X}_{st} \pm t_{0.025}\sqrt{\frac{n}{n-L}}\widehat{SD}(\overline{X}_{st}) = 2.607 \pm 1.973 \times \sqrt{\frac{190}{190-2}} \times 0.264$$
$$= 2.607 \pm 0.524$$

より，母平均の信頼度 0.95 の信頼区間は

(2.084, 3.131)

と母分散が既知の場合よりもわずかに広く求められる．

10．7 層化無作為抽出法に基づく母集団比率の推定

ここでは層化無作為抽出された標本からある属性を持つ母集団比率を推定し

たり，信頼区間を求めたりする方法について説明するが，基本的には前節までの母平均の推定のエッセンスと 8．6 節のエッセンスの合成なので，取り立てて新しい発想は必要とされない．

つまり母集団の第 i 層の各抽出単位がそれぞれ値

$$a_{i,1},\ a_{i,2},\ \cdots,\ a_{i,N_i} \tag{10.24}$$

を持つとするが，これはその抽出単位がある属性を持っていれば 1，持っていなければ 0 として，標本でも同様に 1 と 0 のダミー変数を用いる．

すると第 i 層において，ある属性を持つ抽出単位の母集団比率 P_i と標本比率 p_i は

$$P_i = \frac{1}{N_i}(a_{i,1}+a_{i,2}+\cdots+a_{i,N_i}) \tag{10.25}$$

$$p_i = \frac{1}{n_i}(x_{i,1}+x_{i,2}+\cdots+x_{i,n_i}) \tag{10.26}$$

と書くことができて，第 i 層の母平均と標本平均の計算と等しくなるため，この後は母平均の推定とまったく同じ道を進むことができる．記号については表 10.6 にまとめている．

表10.6　層化無作為抽出法における比率の記号

		第1層	$\cdots$	第L層
母集団	大きさ	$N_1(w_1)$	$\cdots$	$N_L(w_L)$
	比率	P_1		P_L
	分散	$\sigma_1^2=P_1(1-P_1)$		$\sigma_L^2=P_L(1-P_L)$
		$\downarrow$	$\cdots$	$\downarrow$
標本	大きさ	n_1		n_L
	比率	p_1	$\cdots$	p_L
	分散	$S_1^2=p_1(1-p_1)$		$S_L^2=p_L(1-p_L)$

まず母集団において，ある属性を持つ抽出単位の比率の推定には，その不偏推定量

$$p_{st} = w_1 p_1 + w_2 p_2 + \cdots + w_L p_L \tag{10.27}$$

を用いればよい．

次にこの推定量の精度であるが，8．6節と同様にして第i層の母分散が$\sigma_i^2 = P_i(1-P_i)$と計算されるため，母集団比率が未知であるにもかかわらず各層の母分散が既知であることは考えにくい．したがって推定量の分散と標準誤差は母分散が未知の立場で

$$\widehat{V}(p_{st}) = w_1^2 \frac{N_1-n_1}{N_1} \cdot \frac{1}{n_1-1} p_1(1-p_1) + w_2^2 \frac{N_2-n_2}{N_2} \cdot \frac{1}{n_2-1} p_2(1-p_2) + \cdots$$
$$+ w_L^2 \frac{N_L-n_L}{N_L} \cdot \frac{1}{n_L-1} p_L(1-p_L) \tag{10.28}$$

$$\widehat{SD}(p_{st}) = \sqrt{\widehat{V}(p_{st})} \tag{10.29}$$

を用いることにする．

また信頼区間も母分散が未知の場合のものを用いることにする．例えばある属性を持つ母集団比率Pの信頼度0.95の信頼区間は

$$\left(p_{st} - t_{0.025} \sqrt{\frac{n}{n-L}} \widehat{SD}(p_{st}),\ p + t_{0.025} \sqrt{\frac{n}{n-L}} \widehat{SD}(p_{st}) \right) \tag{10.30}$$

となる．

例 A県には3つの選挙区があり，それぞれの選挙区には30万人ずつの有権者がいるとする．ある政党の支持率を推定するために，第1区から90人，第2区から90人，第3区から120人を無作為に選んで調査したところ，"支持する"と答えた人は，それぞれ27人，45人，60人であったとき，支持する人の母集団比率Pの推定値と，信頼度0.95の信頼区間を求めてみよう．

まず選挙区をこの順に3つの層とすると，母集団と標本の大きさは$N_1 = N_2 = N_3 = 300000$，$n_1 = 90$，$n_2 = 90$，$n_3 = 120$となり，母集団の各層の比率は$w_1 = w_2 = w_3 = 0.3333$となる．次に支持する人の標本比率がそれぞれ

$$p_1 = \frac{27}{90} = 0.3$$
$$p_2 = \frac{45}{90} = 0.5$$
$$p_3 = \frac{60}{120} = 0.5$$

と求められるので，母集団比率 P の推定値として

$$p_{st}=0.3333\times 0.3+0.3333\times 0.5+0.3333\times 0.5=0.4333$$

が得られる．

次に推定量の分散と標準誤差が

$$\widehat{V}(p_{st})=0.3333^2\times\frac{300000-90}{300000}\times\frac{1}{90-1}\times 0.3\times(1-0.3)$$
$$+0.3333^2\times\frac{300000-90}{300000}\times\frac{1}{90-1}\times 0.5\times(1-0.5)$$
$$+0.3333^2\times\frac{300000-120}{300000}\times\frac{1}{120-1}\times 0.5\times(1-0.5)$$

$$=0.0008074$$
$$\widehat{SD}(p_{st})=\sqrt{0.0008074}$$
$$=0.02842$$

と計算されるが，母集団が十分大きいので $\frac{N_i-n_i}{N_i}\fallingdotseq 1$ と近似しても分散が 0.0008077 とほとんど変わらない．次に自由度 $n-L=(90+90+120)-3=297$ の t 分布の上側確率 0.05 に対する点が（8．46）式から $t_{0.025}=1.968$ と計算されるので，母集団比率の信頼度 0.95 の信頼区間は

$$p_{st}\pm t_{0.025}\sqrt{\frac{n}{n-L}}\widehat{SD}(p_{st})=0.4333\pm 1.968\times\sqrt{\frac{300}{300-3}}\times 0.02842$$
$$=0.4333\pm 0.0562$$

より

(0.3771, 0.4895)　または　(37.71%, 48.95%)

と求められる．大きさ 300 の標本はやや小さすぎ，層化無作為抽出法でも信頼区間の幅は広くなってしまう．

第11章　多変量解析

11.1　重相関係数と重回帰式

　この章では3つ以上の変量を同時に考慮して解析を行う**多変量解析**（multivariate analysis）について簡単に紹介する．多変量解析は20世紀前半から考えられていたものの，当時その計算には気が遠くなるほどの時間と労力が必要とされ，なかなか利用されなかった．それから50年ほど経過してコンピュータが発達したことが，多変量解析にとって大きな追い風となった．しかし多変量解析の多くは前述したように母集団と標本の関係を考慮しないもので，標本のデータから得られた結果は，標本の性質でしかない点に注意しなければならない．この節では多変量解析の1つである**重回帰分析**（multiple regression analysis）について説明しよう．

　2.5節で，回帰直線によって y の値を予測したとき，助けとなるのが1変量だけでは物足りなさを感じた人もいただろう．x として2個，3個と増やしていけばもっとよい予測ができるのではないかと期待したかも知れない．それを実現するのが重回帰分析と呼ばれる方法である．

　回帰直線を求める場合には，座標平面上の n 個の点 (x_1, y_1)，(x_2, y_2)，…，(x_n, y_n) に，直線 $y = ax + b$ をあてはめたが，重回帰分析では m 次元空間内の n 個の点に $m-1$ 次元の超平面と呼ばれるものをあてはめることになる．

　例えば n 組の数値からなる3変数のデータ (x_1, y_1, z_1)，(x_2, y_2, z_2)，…，(x_n, y_n, z_n) を用いて z の予測を行う式を求める場合を考える．このデータを3次元空間内に n 個の点として表したときに，その集まりを切るような平面 $z = ax + by + c$ の中で，回帰直線を求めたときと同様に，それぞれの点から平面まで z 軸に平行におろした線分の長さの2乗和を最小にするように a，b，c を求めたものが**重回帰式**である．またこのとき，z の実際の数値と重回帰式から予測され

る値との相関係数を**重相関係数**（multiple correlation）と呼ぶ．重相関係数は z と x, y との相関係数と言うこともできる．なお z のように予測の目的となる変数を**従属変数**（dependent variable）または**基準変数**，予測するのに利用する変数を**独立変数**（independent variable）または**説明変数**などと呼ぶ．

4次元以上になれば図形的にはイメージしにくくなるが，考え方はまったく同じである．a, b, c の求め方などは他書に譲るとして，ここでは回帰の例を更に発展させた例を示そう．

例 表2.9の100世帯あたりの新聞定受入紙数とテレビ保有台数のデータに，表11.1の2つの変数を加えることにしよう．これは1998年3月現在の各都道府県の100世帯あたりのラジオとステレオの保有台数である．

表11.1　各都道府県の100世帯あたりのラジオとステレオの保有台数

都道府県	ラジオ	ステレオ	都道府県	ラジオ	ステレオ
北海道	69	59	滋賀	66	68
青森	81	56	京都	70	61
岩手	71	46	大阪	78	61
宮城	99	64	兵庫	98	61
秋田	89	60	奈良	109	78
山形	93	58	和歌山	80	55
福島	62	61	鳥取	79	65
茨城	70	60	島根	64	58
栃木	86	66	岡山	85	61
群馬	83	69	広島	88	64
埼玉	84	71	山口	71	58
千葉	83	73	徳島	97	68
東京	88	64	香川	76	56
神奈川	83	67	愛媛	59	65
新潟	79	65	高知	83	64
富山	83	62	福岡	54	59
石川	86	65	佐賀	47	47
福井	88	62	長崎	61	42
山梨	90	68	熊本	70	50
長野	77	56	大分	59	57
岐阜	85	64	宮崎	55	40
静岡	82	66	鹿児島	60	37
愛知	83	73	沖縄	46	40
三重	86	70			

ここで合計4つの変数のうち，テレビの保有台数zを従属変数，新聞定受入紙数x，ラジオの保有台数y，ステレオの保有台数wを独立変数としてzと変数1個ずつの相関係数を求めてみると

z(テレビの保有台数) と x(新聞定受入紙数)：0.704
z(テレビの保有台数) と y(ラジオの保有台数)：0.643
z(テレビの保有台数) と w(ステレオの保有台数)：0.643

となり，ラジオとステレオのデータを加えてもあまり改善されないのではないかという不安を感じる．ところが重相関係数は $R=0.774$ と計算されて，ある程度改善されたことがわかる．

次に重回帰式を求めると

$$z = 1.517x + 0.897y + 0.194w - 0.699$$

となり，岡山県にこれを用いてテレビ保有台数zを予測してみると，

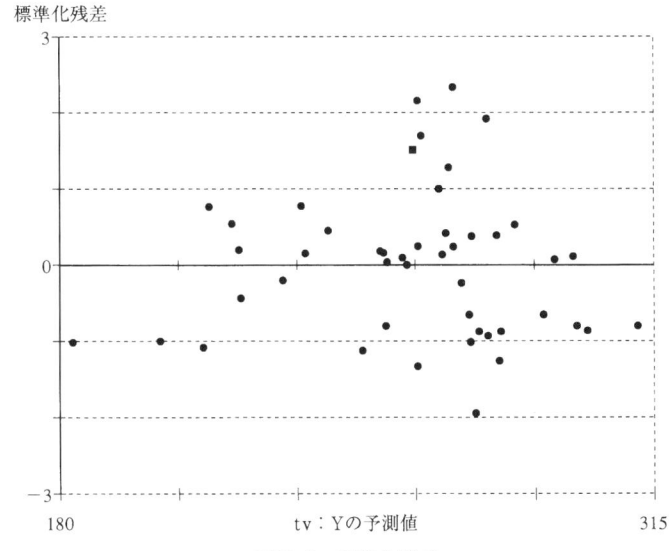

図11.1 標準化残差

$$z = 1.517 \times 114 + 0.897 \times 85 + 0.194 \times 61 - 0.699 = 260.31$$

となる．実際の値が295で，新聞定受入紙数のみを用いた場合には250.29と予測されていたから，若干修正されたことになる．なお x, y, w の係数は**偏回帰係数**と呼ばれる．

前頁に47都道府県の重回帰式からの標準化した残差（実際の数値と重回帰式から予測される値との差）を示す．岡山県は四角い点で大きく上へずれていることがうかがえる．

11.2 主成分分析

多変量解析には重回帰分析以外にも多くの方法がある．代表格として**主成分分析**（principal component analysis）があり，データの性質を把握する多変量データ解析の第一歩として使われることが多い．前章で使った表2.9と表11.1を併せたデータ（表11.2）を再び見てみよう．

表11.2　100世帯あたりの新聞定受入紙数とテレビ，ラジオ，ステレオ保有台数

都道府県	新聞	テレビ	ラジオ	ステレオ
北海道	116	223	69	59
青森	116	259	81	56
岩手	98	225	71	46
⋮				
宮崎	103	188	55	40
鹿児島	94	180	60	37
沖縄	89	160	46	40

このような4変数のデータをグラフ化しようとすると4次元空間が必要となるため，3変数をイメージするのが限度である．ただし3変数でも空間内に点を書く必要があり，かなり大変である．（空間を描く統計解析ソフトもあるが，図を回転させたりしなければ平面的に見えてしまうため，なかなかデータの性質をつかみにくい．）主成分分析はこのような多変量データを，その情報をでき

るだけ残しながら1次元の直線上，または2次元の平面上に表すものである．幾何学的には，できるだけ点がばらつくように直線や平面上に射影しようとするものである．

4つの変数を2次元に表す場合を例にとると，変数をx，y，z，wとしたとき

$$s = ax + by + cz + dw \tag{11.1}$$
$$t = a'x + b'y + c'z + d'w \tag{11.2}$$

という2式を用いて，(s, t)という点を平面上に表すことになる．a，b，c，d，a'，b'，c'，d'の8個の係数は，前に述べたように可能な限り情報を残すように決められるが，その計算についての説明は他の専門書を参照してほしい．

例 表11.2に主成分分析を行い2変数に直すと，次のように各県の主成分得点が得られる．主成分得点は上の式の(s, t)である．番号は都道府県を表し，例えば1が北海道で，47が沖縄県である．

表11.3 各都道府県の主成分得点

番号	成分1	成分2
1	−0.589	0.367
2	−0.143	−0.527
3	−1.453	−1.359
⋮		
45	−2.159	0.193
46	−2.469	−1.005
47	−2.953	−0.292

これを座標平面上に表したものが，図11.2である．これを見ると九州地方(40)〜(47)は左の方にまとまり，それに北海道(1)や岩手(3)が加わっていることがわかる．

主成分分析の軸は何らかの意味を持っている場合も多く，この場合「主成分1」の軸は4変数の値の総合的な大きさを表し，右ほど大きく左ほど小さい．

また「主成分2」の軸の解釈はやや難しいが，新聞定受入紙数とラジオの保有台数の関係と考えることができ，上ほど新聞が多く，下ほどラジオが多い．ただ，このような解釈が困難な場合もあるし，数個の点が加わったために軸の向きなどが変わってしまうこともあり，ケースバイケースの解釈が必要である．

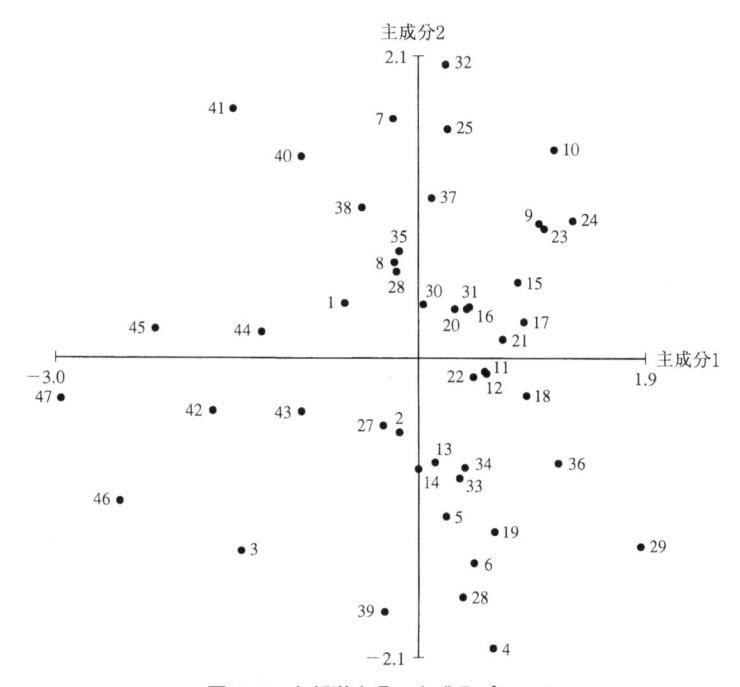

図11.2 各都道府県の主成分プロット

多変量解析としては，重回帰分析や主成分分析に加えて，集団を分け，個体を分類する**判別分析**（discriminant analysis）や，近い性質の個体を次々とまとめていく**クラスター分析**（cluster analysis），現象のメカニズムを解明する**因子分析**（factor analysis）などがある．また質的な変数を数量化する**数量化**（quantification）という方法もある．

この章の解析には統計解析ソフトであるHalwinを用いている．

付表 A.1 標準正規分布表（下側確率）

標準正規分布において $0<z<z_0$ となる確率（面積）を表している．例えば $0<z<0.50$ となる確率は 0.1915 である．また $-0.50<z<0$ となる確率も分布の対称性から 0.1915 となる．

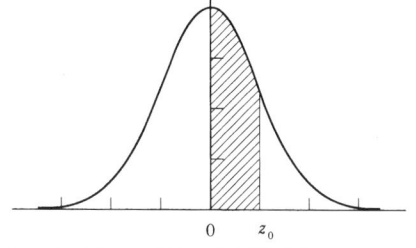

z_0	.00	.01	.02	.03	.04	.05	.06	.07	.08	.09
0.0	.0000	.0040	.0080	.0120	.0160	.0199	.0239	.0279	.0319	.0359
0.1	.0398	.0438	.0478	.0517	.0557	.0596	.0636	.0675	.0714	.0753
0.2	.0793	.0832	.0871	.0910	.0948	.0987	.1026	.1064	.1103	.1141
0.3	.1179	.1217	.1255	.1293	.1331	.1368	.1406	.1443	.1480	.1517
0.4	.1554	.1591	.1628	.1664	.1700	.1736	.1772	.1808	.1844	.1879
0.5	.1915	.1950	.1985	.2019	.2054	.2088	.2123	.2157	.2190	.2224
0.6	.2257	.2291	.2324	.2357	.2389	.2422	.2454	.2486	.2517	.2549
0.7	.2580	.2611	.2642	.2673	.2703	.2734	.2764	.2794	.2823	.2852
0.8	.2881	.2910	.2939	.2967	.2995	.3023	.3051	.3078	.3106	.3133
0.9	.3159	.3186	.3212	.3238	.3264	.3289	.3315	.3340	.3365	.3389
1.0	.3413	.3438	.3461	.3485	.3508	.3531	.3554	.3577	.3599	.3621
1.1	.3643	.3665	.3686	.3708	.3729	.3749	.3770	.3790	.3810	.3830
1.2	.3849	.3869	.3888	.3907	.3925	.3944	.3962	.3980	.3997	.4015
1.3	.4032	.4049	.4066	.4082	.4099	.4115	.4131	.4147	.4162	.4177
1.4	.4192	.4207	.4222	.4236	.4251	.4265	.4279	.4292	.4306	.4319
1.5	.4332	.4345	.4357	.4370	.4382	.4394	.4406	.4418	.4429	.4441
1.6	.4452	.4463	.4474	.4484	.4495	.4505	.4515	.4525	.4535	.4545
1.7	.4554	.4564	.4573	.4582	.4591	.4599	.4608	.4616	.4625	.4633
1.8	.4641	.4649	.4656	.4664	.4671	.4678	.4686	.4693	.4699	.4706
1.9	.4713	.4719	.4726	.4732	.4738	.4744	.4750	.4756	.4761	.4767
2.0	.4772	.4778	.4783	.4788	.4793	.4798	.4803	.4808	.4812	.4817
2.1	.4821	.4826	.4830	.4834	.4838	.4842	.4846	.4850	.4854	.4857
2.2	.4861	.4864	.4868	.4871	.4875	.4878	.4881	.4884	.4887	.4890
2.3	.4893	.4896	.4898	.4901	.4904	.4906	.4909	.4911	.4913	.4916
2.4	.4918	.4920	.4922	.4925	.4927	.4929	.4931	.4932	.4934	.4936
2.5	.4938	.4940	.4941	.4943	.4945	.4946	.4948	.4949	.4951	.4952
2.6	.4953	.4955	.4956	.4957	.4959	.4960	.4961	.4962	.4963	.4964
2.7	.4965	.4966	.4967	.4968	.4969	.4970	.4971	.4972	.4973	.4974
2.8	.4974	.4975	.4976	.4977	.4977	.4978	.4979	.4979	.4980	.4981
2.9	.4981	.4982	.4982	.4983	.4984	.4984	.4985	.4985	.4986	.4986

付表 A.2 標準正規分布表（パーセント点）

標準正規分布において $z_{\frac{\alpha}{2}} < z$ となる確率（面積）が，表の左と上からなる値となるパーセント点 $z_{\frac{\alpha}{2}}$ を示している．例えば $1.960 < z$ となる確率が 0.025 である．また $z < -1.960$ となる確率も分布の対称性から0.025となる．

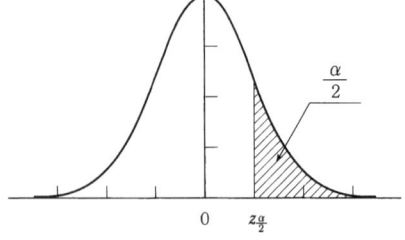

上側確率	.000	.001	.002	.003	.004	.005	.006	.007	.008	.009
.00	∞	3.090	2.878	2.748	2.652	2.576	2.512	2.457	2.409	2.366
.01	2.326	2.290	2.257	2.226	2.197	2.170	2.144	2.120	2.097	2.075
.02	2.054	2.034	2.014	1.995	1.977	1.960	1.943	1.927	1.911	1.896
.03	1.881	1.866	1.852	1.838	1.825	1.812	1.799	1.787	1.774	1.762
.04	1.751	1.739	1.728	1.717	1.706	1.695	1.685	1.675	1.665	1.655

付表 A.3 スチューデントの t 分布表(パーセント点)

表の左の自由度の t 分布において,$t_{\frac{\alpha}{2}} < t$ となる確率(面積)が表の上の値となるパーセント点 $t_{\frac{\alpha}{2}}$ を示している。例えば自由度 5 の t 分布で $2.571 < t$ となる確率が 0.025 である。

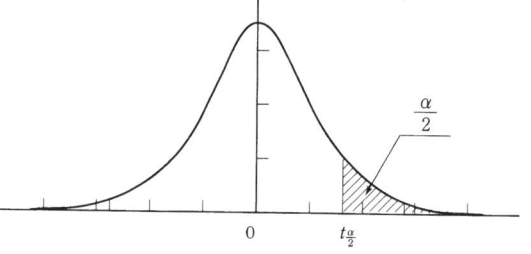

自由度	上側確率 .050	.025	.010	.005
1	6.314	12.706	31.821	63.657
2	2.920	4.303	6.965	9.925
3	2.353	3.182	4.541	5.841
4	2.132	2.776	3.747	4.604
5	2.015	2.571	3.365	4.032
6	1.943	2.447	3.143	3.707
7	1.895	2.365	2.998	3.499
8	1.860	2.306	2.896	3.355
9	1.833	2.262	2.821	3.250
10	1.812	2.228	2.764	3.169
11	1.796	2.201	2.718	3.106
12	1.782	2.179	2.681	3.055
13	1.771	2.160	2.650	3.012
14	1.761	2.145	2.624	2.977
15	1.753	2.131	2.602	2.947
16	1.746	2.120	2.583	2.921
17	1.740	2.110	2.567	2.898
18	1.734	2.101	2.552	2.878
19	1.729	2.093	2.539	2.861
20	1.725	2.086	2.528	2.845
21	1.721	2.080	2.518	2.831
22	1.717	2.074	2.508	2.819
23	1.714	2.069	2.500	2.807
24	1.711	2.064	2.492	2.797
25	1.708	2.060	2.485	2.787
26	1.706	2.056	2.479	2.779
27	1.703	2.052	2.473	2.771
28	1.701	2.048	2.467	2.763
29	1.699	2.045	2.462	2.756
30	1.697	2.042	2.457	2.750
40	1.684	2.021	2.423	2.704
50	1.676	2.009	2.403	2.678
60	1.671	2.000	2.390	2.660
80	1.664	1.990	2.374	2.639
120	1.658	1.980	2.358	2.617
∞	1.645	1.960	2.326	2.576

付表 A.4　χ^2 分布表（パーセント点）

表の左の自由度の χ^2 分布において，$\chi_a^2 < \chi^2$ となる確率（面積）が表の上の値となるパーセント点 χ_a^2 を示している．例えば自由度 5 の χ^2 分布において $11.071 < \chi^2$ となる確率が 0.050 である．

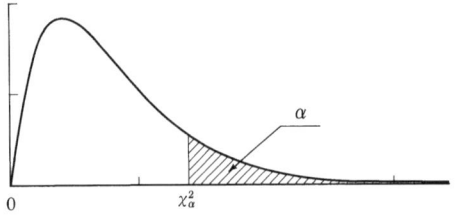

自由度	上側確率 .100	.050	.010	.001
1	2.706	3.841	6.635	10.828
2	4.605	5.991	9.210	13.816
3	6.251	7.815	11.345	16.266
4	7.779	9.488	13.277	18.467
5	9.236	11.071	15.086	20.515
6	10.645	12.592	16.812	22.458
7	12.017	14.067	18.475	24.322
8	13.362	15.507	20.090	26.125
9	14.684	16.919	21.666	27.877
10	15.987	18.307	23.209	29.588
11	17.275	19.675	24.725	31.264
12	18.549	21.026	26.217	32.910
13	19.812	22.362	27.688	34.528
14	21.064	23.685	29.141	36.123
15	22.307	24.996	30.578	37.697
16	23.542	26.296	32.000	39.252
17	24.769	27.587	33.409	40.790
18	25.989	28.869	34.805	42.312
19	27.204	30.143	36.191	43.820
20	28.412	31.410	37.566	45.315
21	29.615	32.671	38.932	46.797
22	30.813	33.924	40.289	48.268
23	32.007	35.173	41.638	49.728
24	33.196	36.415	42.980	51.179
25	34.382	37.653	44.314	52.620
26	35.563	38.885	45.642	54.052
27	36.741	40.113	46.963	55.476
28	37.916	41.337	48.278	56.892
29	39.088	42.557	49.588	58.301
30	40.256	43.773	50.892	59.703
40	51.805	55.759	63.690	73.402
50	63.167	67.505	76.154	86.661
60	74.397	79.082	88.379	99.607
80	96.578	101.879	112.329	124.839
120	140.233	146.567	158.950	173.617

付表 A.5 （一様）乱数表

31 80	76 88	46 67	28 49	63 87	02 14	92 70	06 87	25 50	78 98
87 36	48 35	95 73	59 99	97 04	12 78	86 42	03 25	80 71	32 62
68 81	31 56	70 15	03 20	01 91	40 93	78 45	77 17	54 61	63 23
80 30	21 82	19 80	12 26	15 50	39 64	67 45	55 49	69 17	95 70
48 14	05 77	64 48	78 85	37 81	39 50	37 82	90 35	25 21	73 35
71 34	66 22	85 88	22 99	21 84	64 23	69 72	59 79	57 85	51 86
75 54	73 10	21 47	87 38	64 67	75 55	52 22	85 63	74 67	95 34
67 43	47 55	33 59	94 18	26 04	72 20	05 20	25 06	31 65	31 78
44 75	41 97	49 39	44 86	88 21	49 98	79 24	21 97	17 61	32 19
41 22	80 50	32 99	60 53	00 11	86 31	59 12	42 24	65 57	25 46
46 54	24 05	20 86	96 10	82 72	56 21	53 29	38 09	96 21	93 80
96 45	70 37	93 91	40 43	73 04	60 30	59 35	31 28	23 60	32 12
67 65	14 47	72 92	25 30	74 19	81 30	29 07	08 03	99 58	58 40
17 98	21 17	16 58	75 71	34 85	18 02	67 92	81 00	03 97	64 74
21 93	90 21	75 49	09 55	55 43	35 99	62 68	40 63	98 53	36 85
26 24	10 70	90 64	42 53	96 62	43 92	10 81	94 65	77 35	99 02
99 83	75 28	30 53	22 58	35 43	04 74	86 00	33 13	61 15	29 27
88 30	60 06	46 15	35 62	35 06	39 16	82 03	78 88	92 96	48 38
78 49	74 67	67 97	30 55	85 40	81 70	98 35	88 06	92 44	34 46
07 82	67 24	54 91	29 26	64 57	81 18	89 57	14 71	62 68	01 41
50 39	63 39	56 75	35 48	33 34	60 21	61 44	95 66	25 40	44 52
66 52	36 14	23 18	80 16	70 73	60 83	15 54	01 07	22 52	88 40
40 25	57 33	07 70	75 18	79 05	34 44	21 35	73 88	65 94	88 44
88 28	42 08	55 61	72 52	77 88	02 87	85 73	60 82	76 60	79 35
09 02	59 71	18 08	54 83	05 52	07 72	62 09	23 44	88 24	26 13

簡約統計数値表（日本規格協会）から転載

参考文献

[1] 浅井晃, 1987, 調査の技術, 日科技連出版社.
[2] 浅井晃, 村上正康 訳 (P. G. Hoel 著), 1978, 入門数理統計学, 培風館.
[3] 浅井晃, 村上正康 訳 (P. G. Hoel 著), 1970, 初等統計学, 培風館.
[4] 朝日新聞社 編, 1999, 民力 1999年版, 朝日新聞社.
[5] 池田央, 1980, 調査と測定, 新曜社.
[6] 池田央 編, 1989, 統計ガイドブック, 新曜社.
[7] NHK放送文化研究所世論調査部 編, 1996, 世論調査事典, 大空社.
[8] 奥野忠一 他, 1971, 多変量解析法, 日科技連出版社.
[9] 奥野忠一 他, 1976, 続多変量解析法, 日科技連出版社.
[10] 柏木重秋, 1992, 市場調査－理論と実際－, 中央大学出版部.
[11] 小松勇作 編, 1979, 数学 英和・和英辞典, 共立出版.
[12] 佐井至道, 1993, サンプリング法の誤解による推定への影響について, 第1部 母平均推定の場合, 行動計量学, **20**, 24-34.
[13] 佐井至道, 1993, サンプリング法の誤解による推定への影響について, 第2部 母分散推定の場合, 行動計量学, **20**, 35-47.
[14] 佐井至道, 1996, 層化抽出法に基づく母平均の信頼区間の構成について, 行動計量学, **23**, 104-121.
[15] 佐井至道, 1998, 個票データにおける個体数とセル数との関係, 応用統計学, **27**, 127-145.
[16] 芝祐順 他, 1984, 統計用語辞典, 新曜社.
[17] 柴田義貞, 1981, 正規分布－特性と応用, 東京大学出版会.
[18] 杉山明子, 1984, 社会調査の基本, 朝倉書店.
[19] 鈴木義一郎, 1981, 例解標本調査論, 実教出版.
[20] 総務庁統計局 統計調査部 労働力統計課, 1996, 労働力調査・標本設計の解説, 総務庁統計局.
[21] 高木廣文, 1998, HALWIN によるデータ解析, 現代数学社.
[22] 竹内啓, 1963, 数理統計学, 東洋経済新報社.
[23] 竹内啓, 1975, 確率分布と統計解析, 日本規格協会.
[24] 千葉大学統計グループ 訳 (M. G. Kendall and W. R. Buckland 著), 1987, ケンドール統計学用語事典, 丸善.
[25] 東京大学教養学部統計学教室 編, 1992, 自然科学の統計学, 東京大学出版会.
[26] 東京大学教養学部統計学教室 編, 1994, 人文・社会科学の統計学, 東京大学出版会.

[27] 統計教育推進会 編, 1989, 統計小事典, 日本評論社.
[28] 統計数値表編集委員会 編, 1977, 簡約統計数値表, 日本規格協会.
[29] 二木宏二, 朝野熙彦, 1991, マーケティング・リサーチの計画と実際, 日刊工業新聞社.
[30] 西平重喜, 1985, 統計調査法, 培風館.
[31] 西村林, 1990, マーケティング調査論, 中央経済社.
[32] 日本マーケティング・リサーチ協会 編, 1995, マーケティング・リサーチ用語辞典, 同友館.
[33] 野口智雄, 塩田静雄, 1988, マーケティング調査の基礎と応用, 中央経済社.
[34] 林知己夫, 多賀保志 他, 1985, 調査とサンプリング, 同文書院.
[35] 林知己夫, 脇本和昌 他訳 (R. S. Burington and D. C. May 著), 1975, 確率・統計ハンドブック, 森北出版.
[36] 林英夫 他, 2000, 体系マーケティングリサーチ事典, 同友館.
[37] 藤田峯三, 1995, 新国勢調査論－戦後の国勢調査－, 大蔵省印刷局.
[38] 本田正久, 1989, マーケティング調査とデータ解析, 産業能率大学出版部.
[39] 三根久, 1994, モンテカルロ法・シミュレーション, コロナ社.
[40] 簑谷千凰彦, 1994, 統計学入門1, 東京図書.
[41] 簑谷千凰彦, 1994, 統計学入門2, 東京図書.
[42] 簑谷千凰彦, 1998, すぐに役立つ統計分析, 東京図書.
[43] 宮武修, 脇本和昌, 1978, 乱数とモンテカルロ法, 森北出版.
[44] 脇本和昌, 1984, 統計学 見方・考え方, 日本評論社.
[45] 脇本和昌, 1973, 身近なデータによる統計解析入門, 森北出版.
[46] 脇本和昌, 1970, 標本抽出論入門, 槇書店.
[47] 汪金芳 他, 1992, ブートストラップ法－最近までの発展と今後の展望－, 行動計量学, **19**, 50-81.
[48] V. Barnett, 1991, *Sample Survey*, Edward Arnold.
[49] Bereau of the Census, 1993, 1990 Census of Population and Housing, Public Use Microdata Samples. (microdata)
[50] A. Chaudhuri and H. Stenger, 1992, *Survey Sampling, Theory and Methods*, Dekker.
[51] W. G. Cochran, 1977, *Sampling Techniques*, John Wiley.
[52] M. H. Hansen, W. N. Hurwitz and W. G. Madow, 1993, *Sample Survey Methods and Theory, Volume I*, John Wiley.
[53] M. H. Hansen, W. N. Hurwitz and W. G. Madow, 1993, *Sample Survey Methods and Theory, Volume II*, John Wiley.
[54] A. S. Hedayat and B. K. Sinha, 1991, *Design and Inference in Finite Population*

Sampling, John Wiley.
[55] N. L. Johnson and S. Kotz, 1969, *Discrete Distribution*, Houghton Mifflin Company.
[56] N. L. Johnson and S. Kotz, 1970, *Continuous Univariate Distribution - 1*, Houghton Mifflin Company.
[57] N. L. Johnson and S. Kotz, 1970, *Continuous Univariate Distribution - 2*, Houghton Mifflin Company.
[58] N. L. Johnson and S. Kotz, 1972, *Continuous Multivariate Distribution*, Houghton Mifflin Company.
[59] P. R. Krishnaiah and C. R. Rao, 1988, *Handbook of Statistics 6, Sampling*, North-Holland.
[60] J. T. Lessler and W. D. Kalsbeek, 1992, *Nonsampling Error in Surveys*, John Wiley.
[61] P. S. Levy and S. Lemeshow, 1991, *Sampling of Populations, Methods and Applications*, John Wiley.
[62] C. E. Särndal, B. Swensson and J. Wretman, 1992, *Model Assisted Survey Sampling*, Springer-Verlag.
[63] J. Shao and D. Tu, 1995, *The Jackknife and Bootstrap*, Springer-Verlag.
[64] S. Sai, 1985, Efficient Estimators in Sampling Utilizing Partial Replacement, *Report of Statistical Application Research, JUSE*, 32, 1-12.
[65] S. Sai and M. Taguri, 1989, Optimum Stratification Based on a Concomitant Variable and Its Application to the Current Statistics of Commerce, *Report of Statistical Application Research, JUSE*, 36, 22-31.
[66] D. Singh and F. S. Chaudhary, 1986, *Sample Survey Designs*, John Wiley.
[67] S. Sudman, 1976, *Applied Sampling*, Academic Press.
[68] P. V. Sukhatme, B. V. Sukhatme, S. Sukhatme and C. Asok, 1984, *Sampling Theory of Surveys Applications*, Iowa State University Press.
[69] M. E. Thompson, 1997, *Theory of Sample Surveys*, Chapman & Hall.
[70] S. K. Thompson and G. A. F. Seber, 1996, *Adaptive Sampling*, John Wiley.
[71] S. K. Thompson, 1992, *Sampling*, John Wiley.

索　引

【あ】
アンケート　37
アンケート用紙　36, 54
【い】
位置の測度　13
１変量　28
一対比較法　65
因子分析　178
インターネット調査法　43
【う】
上側確率　96, 116
【え】
x の y への回帰直線　35
【お】
オペレーティングシステム　5
オムニバス調査　51
【か】
回帰直線　33
階級　10
階級値　16
開区間　117
χ^2 検定　142
χ^2 分布　98, 142
回収率　38
階乗　91
街頭面接調査法　42
街頭面接法　42
確率関数　91
確率分布　90
確率変数　90
確率密度関数　91
家計調査　47
仮説　130
仮説検定　130

片側検定　134
偏り　101
偏りのある推定量　101
観察法　36
観測度数　140
官庁統計　36
ガンマ関数　98
【き】
幾何平均　14
棄却　131
棄却域　132
危険率　131
記述統計　7
基準化　96
基準正規分布　96
基準変数　174
疑似乱数　81
期待値　101
期待度数　140
帰無仮説　130
行　146
【く】
区間推定　118
クラスター分析　178
【け】
継時的調査　49
継続調査　49
系統的抽出法　152
検出力　132
検定　71, 75, 80, 130
【こ】
口頭面接法　40
コーディング　74
国勢調査　77, 78

語句連想法　52
個人調査　36
個人面接法　40
個票データ　47
混合合同法　83

【さ】
最小値　16
最大値　16
採択　131
最頻値　15
算術平均　14
賛否法　62
散布図　29
散布度　18
サンプリング　4, 72, 79

【し】
事業所調査　36
悉皆調査法　77
質的データ　7
質問法　36
四分位範囲　19
四分位偏差　19
シミュレーション　82
尺度法　66
重回帰式　173
重回帰分析　173
自由回答法　62, 67
集合調査法　44
重相関係数　174
従属変数　174
集団面接法　44, 51
自由度　98, 119
重複抽出　89
周辺度数　147
集落　152
集落抽出法　152
主成分分析　176

順位法　64
順序統計量　15
乗算合同法　83
深層面接法　52
信頼区間　115, 117
信頼度　117

【す】
推定　75, 100
推定値　100
推定量　100
数量化　178
スチューデントの t 分布　99, 119

【せ】
正規分布　26, 95, 115
制限選択法　64
精度　109
正の相関　28
世帯調査　36
説明変数　174
全数調査法　77
全部調査法　77

【そ】
層　151
層化　151
層化抽出法　151
相加平均　14
層化無作為抽出法　153
相関関係　28
相関係数　29
相関図　29
総計値　17
相乗平均　14
層別　151

【た】
第1次抽出単位　151
第1種の過誤　131
第2次抽出単位　151

索引 189

第2種の過誤　132
代表値　13
対立仮説　130
多項選択法　63
多項分布　94, 141
多段抽出法　152
多変量解析　75, 173
多変量分布　95
ダミー変数　124
単一選択法　64
単純無作為抽出　80
【ち】
中央値　15
抽出単位　80
抽出率　102
中心極限定理　115
中心的傾向　13
調査　1
調査員　36
調査主体　55
調査対象者　36
調査票　36, 54
調査用紙　54
調和平均　14
散らばりの測度　18
【て】
t 分布　99
適合度の検定　140
テレビ視聴率調査　124
点推定　100
電話調査法　39
電話法　39
【と】
投影法　52
動機調査　51
統計　3
統計学　3

統計的検定　130
統計的推論　100
等配分法　165
独立性　146
独立変数　174
度数　8
度数分布　9
度数分布図　9
度数分布表　9
留置法　41
【に】
二項選択法　62
二項分布　93
二段抽出法　151
2変量　28
【ね】
ネイマン配分法　165
【は】
パーセント点　97, 116
配分法　164
パネル　46
パネル調査　46
パラメータ　91
範囲　18
判別分析　178
【ひ】
ピクチャー・
　フラストレーション・テスト　53
ヒストグラム　11
非標本誤差　78
非復元抽出　89
標準化　115
標準誤差　109
標準正規分布　96
標準測度　25
標準偏差　20
標本　4, 72, 77

標本誤差　78
標本抽出　4, 72, 79
標本調査法　77
標本の大きさ　102, 108
標本配分法　164
標本標準偏差　106
標本分散　104
標本平均　102
比率　123
比例配分法　164
【ふ】
フィボナッチ法　83
ブートストラップ法　89, 168
フェイスシート　56
復元抽出　89
不重複抽出　89
負の相関　28
不偏推定　101
不偏推定量　101
分割表　75, 146
分散　19
文章完成法　52
分布　90
【へ】
平均　14
平均値　14
平均平方誤差　101
ベーレンス・フィッシャーの問題　137
ベルヌーイ試行　93
偏回帰係数　176
偏差値　24
変動係数　22
【ほ】
ポアソン分布　91
訪問面接法　40
補間　122
母集団　4, 72, 77

母集団の大きさ　102
母数　100
母標準偏差　106
母分散　104
母平均　102
【み】
幹葉表示　11
密度関数　91
【む】
無回答者　38
無限母集団　115
無作為抽出　79
無作為標本　79
【め】
面接法　40
【も】
モニター調査　48
【ゆ】
有意水準　131
有意選出　79
有意抽出　79
有意標本　79
有限修正項　110
有限母集団　115
郵送調査法　37
【ら】
乱数　80
乱数賽　82
乱数表　80
【り】
離散型データ　9
離散分布　91
略画法　53
両側検定　133
量的データ　7
【れ】
レーマー法　83

列　146
連続型データ　9
連続分布　91
【ろ】
労働力調査　49
ローテーションサンプリング　49, 125
濾過質問　59
【わ】
y の x への回帰直線　33
枠　72
割合　123

■著者紹介

佐井　至道（さい　しどう）

1961 年	秋田県生まれ
1984 年	千葉大学 理学部 数学科 卒業
1986 年	千葉大学大学院 理学研究科 修了
1990 年	岡山大学大学院 自然科学研究科 修了
現　在	岡山商科大学 経済学部 教授（学術博士）

例解 調査論

2001 年 4 月 10 日　初版第 1 刷発行
2024 年 5 月 10 日　初版第 5 刷発行

■著　者——佐井至道
■発 行 者——佐藤　守
■発 行 所——株式会社 大学教育出版
　　　　　　〒700-0953　岡山市南区西市 855-4
　　　　　　電話 (086)244-1268㈹　FAX(086)246-0294
■印刷製本——サンコー印刷㈱
■装　　丁——ティーボーンデザイン事務所

© Shido Sai 2001, Printed in Japan
検印省略　落丁・乱丁本はお取り替えいたします。
本書のコピー・スキャン・デジタル化等の無断複製は著作権法上での例外を除き禁じられています。本書を代行業者等の第三者に依頼してスキャンやデジタル化することは、たとえ個人や家庭内での利用でも著作権法違反です。

ISBN978-4-88730-420-8